MARCO ⊕ POLO
IONISCHE INSELN

Reiseführer mit Insider-Tips

*Sechs Symbole sollen Ihnen
die Orientierung in diesem Führer erleichtern:*

für Marco-Polo-Tips – die besten in jeder Kategorie

für alle Objekte, bei denen Sie auch eine schöne Aussicht haben

für Plätze, wo Sie bestimmt viele Einheimische treffen

für Treffpunkte für junge Leute

(A 1)
Koordinaten für die Übersichtskarte

*Die Marco-Polo-Route verbindet die schönsten Punkte der
Ionischen Inseln zu einer Idealtour*

*Diesen Führer schrieb Klaus Bötig, durch zahlreiche Reportagen
und Bücher als intimer Kenner Griechenlands bekannt.
Die Marco-Polo-Reihe wird herausgegeben
von Ferdinand Ranft*

MAIRS GEOGRAPHISCHER VERLAG

MARCO ⊕ POLO

Für Ihre nächste Reise gibt es folgende Titel dieser Reihe:

Die Marco-Polo-Redaktion freut sich, wenn Sie ihr schreiben:
Marco-Polo-Redaktion, Mairs Geographischer Verlag
Postfach 31 51, D-7302 Ostfildern 4

Unsere Autoren haben nach bestem Wissen recherchiert. Trotzdem schleichen sich manchmal Fehler ein, für die der Verlag keine Haftung übernehmen kann.

Titelbild: Korfu, Kirche Pondikoníssi; (Schuster/Jogschies)
Fotos: Bötig (Umschlagklappe vorn, 15, 22, 28, 31, 32, 41, 71, 73, 82, 94); Jung (18);
Lade (34, 39, 78); Mauritius/Feature-Pix (28); Mauritius/Thonig (88); Schuster/Beaudu (10);
Schuster/Böhm (66); Schuster/Jogschies (46, 58, 61, 62); Touristik Marketing (4);
Uthoff (6, 13, 27, 51, 53, 55)

1. Auflage 1993
© Mairs Geographischer Verlag/Hachette
Gestaltung: Thienhaus/Wippermann (Büro Hamburg)
Kartographie: Mairs Geographischer Verlag

Printed in Germany
Gedruckt auf 100% chlorfreiem Papier

INHALT

Entdecken Sie die Ionischen Inseln!

Geographisch und kulturell bilden die Inseln im Ionischen Meer eine Brücke zwischen Griechenland und Italien

Anders als die meisten griechischen Eilande in der Ägäis sind die Ionischen Inseln grün. Weite Teile von Korfu, Páxi und Othoní sind von uralten Olivenhainen bedeckt, deren bis zu 25 Meter hohe, knorrige Bäumen fast schon Urwaldriesen gleichen. Allein auf diesen drei Inseln stehen über fünf Millionen Ölbäume. Auf anderen Inseln mischen sich Zypressen und Pinien unter die Olivenbäume; auf Kefalliniá gibt es gar einen nordisch anmutenden Tannenwald. Die meisten der Ionischen Inseln liegen nicht einsam im weiten Meer: Den Norden von Korfu trennen an der engsten Stelle weniger als zwei Kilometer von der albanischen Küste, die Insel Léfkas nur wenige Kilometer vom arkananischen Festland. Der Ostküste von Léfkas sind zudem viele kleine Inseln vorgelagert, darunter der Onassis-Besitz Skórpios; Itháki schmiegt sich an den Norden von Kefalliniá an. Die so entstandenen Meeresengen erinnern mit ihren grünen Ufern und den Bergen ringsum an liebliche, oberitalienische Seen.

Zum bis zu 4100 Meter tiefen, offenen Meer hin fallen die Inseln hingegen meist mit imposanten Steilküsten ab, vor denen auf Korfu und Léfkas, Kefalliniá und Zákinthos feinsandige Strände angespült wurden, die manchmal nur mit dem Boot zu erreichen sind. Im Inselinneren schließlich bilden Bergstöcke, die zu den höchsten der griechischen Inselwelt gehören, eindrucksvolle Landschaften: Der höchste Gipfel auf Kefalliniá, der Énos, überragt das Ionische Meer um 1628 Meter, auf Kefalliniá steht der Gipfelbezwinger 1141 und auf Korfu 906 Meter hoch über den Stränden.

Die Strände sind insbesondere auf Korfu, wo der Tourismus eine lange Tradition hat, gut besucht. Wegen der Nähe zur Adria und zum damals noch österreichisch-ungarischen Dalmatien sah das Eiland, das die Griechen Kérkira nennen, schon um die Jahrhundertwende betuchte Touristen. Zunächst war

Zypressen und Olivenbäume prägen das Landschaftsbild auf Korfu

die österreichische Kaiserin Elisabeth Stammgast, dann der deutsche Kaiser Wilhelm II. Später kamen die Briten, darunter in den dreißiger Jahren die Familie der Schriftsteller Lawrence und Gerald Durrell, die beide hervorragende Korfu-Bücher geschrieben haben.

Korfu ist die wirtschaftlich stärkste und bevölkerungsreichste der Ionischen Inseln, aber bei weitem nicht die einzig touristisch gut erschlossene. Auch Léfkas, Páxi und Zákinthos werden im Sommer schon stärker vom Fremdenverkehr als vom ursprünglichen Eigenleben geprägt. Auf Kefalliniá und Itháki hingegen spielt der Tourismus nur eine bescheidene Nebenrolle; auf den kleinen Eilanden wie Meganíssi, Eríkussa und Othoní gar nächtigt kaum ein Fremder.

Insgesamt sind elf der Ionischen Inseln ständig bewohnt. Auf den Inseln leben etwa 185 000 Menschen, davon die Hälfte auf Korfu. Auf der größten Insel des Archipels, Kefalliniá, haben hingegen nur gut 30 000 Menschen ihr Zuhause.

Korfu war schon in der klassischen Antike die bedeutendste Insel im Ionischen Meer. Siedler aus Korinth gründeten das antike Kerkira nahe der heutigen Stadt im Jahre 734 v. Chr., bald darauf entstanden auch auf den anderen Inseln griechische Städte. In den folgenden Jahrhunderten waren sie für Hellas vor allem als Zwischenstationen auf dem Weg zu den weitaus bedeutenderen griechischen Städten Unteritaliens und Siziliens von großer Wichtigkeit.

So gerieten Korfu und die Ionischen Inseln denn auch schon früh in den Einflußbereich des erstarkenden Römischen Reichs. Korfu unterwarf sich den Nachfahren des Remus und Romulus bereits 229 v. Chr., die übrigen Eilande des Archipels folgten seinem Beispiel binnen der nächsten 40 Jahre. Als ganz Griechenland in der Mitte des zweiten

Kalami mit seinem schönen Strand liegt gegenüber der albanischen Küste

6

vorchristlichen Jahrhunderts zur römischen Provinz wurde, waren die Ionischen Inseln wie schon zu Zeiten Großgriechenlands Etappenhäfen auf dem Weg nach Athen und Korinth.

Während der Jahrhunderte des Byzantinischen Kaiserreichs, als die Hauptstadt in Konstantinopel, dem heutigen Istanbul, lag, versanken die Ionischen Inseln in Bedeutungslosigkeit. Erst die Eroberung Konstantinopels durch Venezianer und römisch-katholische Kreuzritter brachte Veränderung. Die Inseln wurden jetzt zunächst unter den Eroberern aufgeteilt und gelangten zwischen 1386 und 1503 schließlich nach und nach unter venezianische Herrschaft. Die neuen Herrn nutzten sie vor allem als Quelle für Speiseöl und förderten darum den Olivenanbau nach Kräften. Viele der uralten Ölbaumhaine auf den Inseln stammen noch aus jener Zeit.

Den Venezianern haben es die Ionischen Inseln zu verdanken, daß sie mit Ausnahme des extrem festlandsnahen Léfkas nie unter türkische Herrschaft gerieten — anders als das übrige Griechenland. Dieses Fehlen jeglichen türkisch-orientalischen Einflusses prägt ganz wesentlich das Bild des Archipels. Nirgends stehen Moscheen, ragen Minarette auf, spenden türkische Brunnen Wasser. Statt hölzerner Erker sind bogenüberspannte Arkadengänge und vielgeschossige Mietshäuser typische Elemente der ionischen Hausbauweise. Der Volksmusik fehlt die orientalische Fremdheit der ägäischen Klänge — und selbst in der bildenden Kunst sind die Ionischen Inseln eigene Wege gegangen. Weil das übrige Griechenland im 16. Jahrhundert mit Ausnahme des ebenfalls venezianischen Kreta unter osmanische Herrschaft geraten war, richteten sich die einheimischen Künstler am Geschmack Italiens aus, gingen dort in die Lehre und arbeiteten in italienischen Werkstätten. Als im 17. Jahrhundert auch noch Kreta türkisch wurde, siedelten viele der dort wirkenden Künstler auf die Ionischen Inseln über und gerieten ebenfalls verstärkt unter westlichen Einfluß: Der Kunststil der Ionischen Schule entstand. Den vollständigsten Überblick darüber gibt das Zákinthos-Museum.

Neben Venedig hat aber auch England dazu beigetragen, daß sich die Ionischen Inseln vom übrigen Hellas unterscheiden. Napoleon hatte Venedig 1797 den Todesstoß versetzt und noch im gleichen Jahr die Inseln unter französische Herrschaft gestellt. In den nächsten Jahren waren sie wechselnden Herren — Frankreich, Rußland und England — untertan, bis sie 1815 auf dem Wiener Kongreß als »Republik der Sieben Inseln« zum britischen Protektorat deklariert wurden. In den 49 Jahren, in denen das Vereinigte Königreich mittels eines Lord Hochkommissars die Inseln mehr als Kolonie denn als Schutzgebiet behandelte, entstand die Grundlage für das gute Straßennetz des Archipels und für die moderne Trinkwasserversorgung seiner Städte.

Trotz aller fremden Einflüsse sind die Ionischen Inseln ein echtes Stück Griechenland. Die Insulaner hatten sich immer wieder gegen die ausländischen Herren erhoben, unterstützten die

Geschichtstabelle

1400 v. Chr.
Durch die Mykener werden die Inseln, auf denen man bis zu 50 000 Jahre alte Siedlungsspuren fand, erstmals griechisch besiedelt

734 v. Chr.
Mit der Gründung einer korinthischen Kolonie auf Korfu werden die Ionischen Inseln in die Welt des klassischen Griechenlands einbezogen

229 v. Chr.
Als erste griechische Stadt unterwirft sich Korfu Rom, der im Aufstieg begriffenen neuen Weltmacht

395–1204
Oströmisch-byzantinische Zeit. Die Ionischen Inseln werden von Konstantinopel aus regiert. Im 12. Jh. kommt es zu zahlreichen normannischen Überfällen; Zákinthos und Kefalliniá sind 100 Jahre lang Teil des Königreichs Sizilien

1204
Die Venezianer veranlassen die Teilnehmer am vierten Kreuzzug zur Eroberung Konstantinopels. Die Ionischen Inseln werden unter verschiedene italienische Adelsgeschlechter aufgeteilt. Das Byzantinische Reich zerbricht

1386
Die Venezianer übernehmen Korfu, 1482 dann auch Zákinthos, 1500 Kefalliniá und 1503 Itháki. Léfkas hingegen wird 1467 türkisch und fällt erst 1684 an Venedig

1797–1815
Zunächst besetzt Napoleon die Ionischen Inseln. Dann werden sie unter russischem und türkischem Protektorat unabhängig, 1807 wieder französisch und 1809 britisch

1815–1864
Die Ionischen Inseln werden unabhängige Republik unter dem Protektorat Großbritanniens, das die Inseln allerdings wie eine Kolonie verwaltet. Während des Griechischen Freiheitskampfes gegen die Türken (1821—1829) unterstützt die Bevölkerung der Ionischen Inseln die Aufständischen

1864
Die Ionischen Inseln werden dem freien Griechenland angeschlossen

1941–1944
Die Ionischen Inseln werden von italienischen und deutschen Truppen besetzt

1953
Ein Erdbeben zerstört zahllose Dörfer und die Stadt auf Zákinthos. Es richtet auch auf Itháki, Kefalliniá und Léfkas schwere Schäden an

1967–1974
Militärdiktatur in Griechenland

1990
Aus den Parlamentswahlen geht die konservative Partei Nea Dimokratia unter Kostas Mitsotakis als Sieger hervor. Stärkste Oppositionspartei wird die sozialistische PASOK

übrigen Griechen trotz britischen Verbots 1821 bis 1829 in ihrem Freiheitskampf gegen die Türken und drängten anschließend auf einen Anschluß ihrer Inseln an das freie Hellas. 1864 war es soweit: Korfu und die Ionischen Inseln wurden mit dem Mutterland vereint.

Viele Insulaner sind stolz darauf, daß das kulturelle und das Bildungsniveau auf ihren Eilanden höher ist als im griechischen Durchschnitt, manche vermögen hier sogar eine größere Gleichberechtigung und ein stärkeres Selbstbewußtsein der Frauen zu erkennen. Das wird auf die historischen Einflüsse aus dem Westen zurückgeführt. Ansonsten aber fühlen sich die Bewohner des Archipels als echte Griechen — und sind es auch.

In den Badeorten an den Küsten von Korfu und Zákinthos läßt sich typisch griechisches Leben heutzutage im Sommer freilich kaum finden. Sie sind internationalisiert, werden im August von Italienern und in den übrigen Sommermonaten von Briten und Deutschen beherrscht. Mehr bodenständigen Charakter haben da schon die Städte — und vor allem die Dörfer im Inselinneren. Am besten steuert man sie mit dem Linienbus an. Da erlebt man Bauern, die vom Markt kommen, hört vielleicht echt griechische Musik aus dem Radio und sieht Frauen, die sich vor jeder Kurve und Kapelle bekreuzigen. Steigt man dann auf dem Dorfplatz aus, hat man das touristische Treiben des Urlaubsortes schon während der Fahrt hinter sich gelassen.

Im Dorf streift man dann am besten nicht sofort durch die Gassen, sondern nimmt zunächst einmal in einem der Kaffeehäuser an der Platía Platz. Nach einer Stunde ist man im Dorf schon gut bekannt, ist kein Fremder mehr, da die meisten Dorfbewohner viele Male am Tag zum Dorfplatz kommen. Danach verläuft der Bummel durch den Ort ganz anders, man gehört schon fast dazu, hat vielleicht selbst schon ein paar Bekannte. Vom Kaffeehausstuhl aus läßt sich zudem der dörfliche Lebensrhythmus am besten beobachten. Man sieht Bauern und Bäuerinnen, die noch mit Esel oder Maultier auf ihr Feld und in ihren Olivenhain ziehen, sieht Kinder in ihren Schuluniformen zur Schule gehen, vernimmt durchreisende Zigeuner unüberhörbar ihre Waren durch den krächzenden Lautsprecher auf ihrem Kleintransporter anpreisen, alte Männer diskutieren und Távli, Karten oder Dame spielen.

Zum Kennenlernen des wahren, noch nicht vom Tourismus geprägten Griechenlands gehören aber auch ein Spaziergang durch die Olivenhaine und eine Mußestunde an einem Fischerhafen, wo man den Männern und Frauen beim Netzeflicken zusehen kann. Wer nach all diesen Erfahrungen vom Griechenland-Bazillus erfaßt worden ist, kann erwägen, einmal aufs vorgebuchte Hotel im Urlaubsort zu verzichten und eine Nacht in einem stillen Bergdorf oder auf einem abseits gelegenen Inselwinzling zu verbringen. Wenn es dort auch nur wenige richtige Hotels gibt, so läßt sich ein einfaches Privatzimmer mit Familienanschluß doch nahezu überall finden.

Von Augustus bis Umweltschutz

Das Naturerlebnis spielt auf den Ionischen Inseln eine größere Rolle als der Besuch von historischen Stätten

Augustus

Octavian, der spätere römische Kaiser Augustus, errang seinen entscheidenden Sieg über seinen Konkurrenten Antonius und dessen Geliebte Kleopatra im Jahr 31 v. Chr. in der Seeschlacht von Actium nahe der Insel Léfkas. Von anderen berühmten Römern weiß man, daß sie sich in Kassiópi an der Nordküste Korfus von den Strapazen anstrengender Seereisen erholten. Nero sang hier vor dem Altar des Gottes Jupiter; Cicero gab sich hier seinen Gedanken hin.

Byzanz

Byzanz ist heute kaum noch einem Westeuropäer ein Begriff — dabei steht der Name für ein Reich, das 1000 Jahre lang bestand und antike Werte und Errungenschaften für die ganze Welt ins hohe Mittelalter hinüberrettete.

Byzanz wurde 1453 von den Türken erobert und in Istanbul umbenannt. Griechen aus Megará bei Athen hatten die Stadt als Byzantion um 660 v.Chr. gegründet; Kaiser Konstantin verlegte 330 die Hauptstadt des Reiches hierher. Als Kaiser Theodosius 395 das Imperium teilte, wurde die Stadt, jetzt Konstantinopel genannt, zum Zentrum des Oströmischen Reiches.

Während Rom und das Weströmische Reich im 5. Jh. unter den Angriffen der Westgoten, Vandalen und Hunnen untergingen, konnten die oströmischen Kaiser ihr Reich halten und ausbauen. Unter Kaiser Justinian I. (527—565) reichte es bis nach Italien, Nordafrika und weit nach Kleinasien hinein. Die Ionischen Inseln waren bis zum frühen 12. Jh. ein Teil des byzantinischen Reiches.

Eptánissiá

Eptánissiá nennen die Griechen die Ionischen Inseln; die Briten sprechen von den Seven Islands. Beides bedeutet das gleiche: sieben Inseln. Gemeint sind damit Korfu, Páxi, Léfkas, Itháki, Kefalliniá, Zákinthos und Kíthira — die noch kleineren Inseln werden unterschlagen.

Orthodoxe Priester gehören zum Bild der Inseln

Erdbeben

Leichte Erdbeben sind auf den Ionischen Inseln häufig. Ein katastrophales Erdbeben suchte die südlichen Eilande vom 9. bis 12. August 1953 heim. Auf Zákinthos wurden dabei 94 %, auf Kefalliniá 91 % und auf Itháki 70 % aller Häuser zerstört. Darum sind auf diesen Inseln so wenig Dörfer mit traditioneller Architektur zu finden.

Fauna

Hunde und Katzen sind die Tiere, denen der Urlauber am häufigsten begegnen wird. Wildlebende Säugetiere hingegen sind selten geworden. Es soll noch Kaninchen, Füchse, Marder, Igel und Wiesel geben. Reichhaltiger ist die Vogelwelt, zu der Elster und Pirol, Wiedehopf und Eichelhäher, Kuckuck, Schwalbe und Kauz gehören. In einsameren Bergregionen sieht man noch Bussarde und Falken, an den flachen Küsten Reiher. Schlangen begegnet man gelegentlich auf Wanderungen. Giftig ist nur die Sandotter, ungiftige Arten sind die Zorn-, Schlank- und Eidechsennatter. Landschildkröten sind häufig, Skorpione selten. Das Meer ist durch Überfischung und Dynamitfischerei fischarm geworden, so daß die Fischpreise hoch sind. Delphine werden gelegentlich gesichtet; Zwischenfälle mit Haien sind nicht bekannt geworden. Gut und humorvoll beschrieben wird Korfus Tierwelt in Gerald Durrells Buch »Meine Familie und anderes Getier«.

Flora

Ölbäume und Zypressen sind die markantesten Bäume der Ionischen Inseln. An Flußläufen sieht man mächtige Platanen, der typische Alleebaum ist der Eukalyptus, an sandigen Meeresufern fühlt sich die widerstandsfähige Tamariske am wohlsten. Weite Flächen nicht mehr bebauten Landes werden von der Phrygana eingenommen, einem Mischbewuchs aus Ginster, Salbei, Schopflavendel, Thymian, Oregano und Zwergwacholder. Stellenweise sieht man dort auch Erdbeerbäume und Steineichen, Mastixsträucher und wilden Spargel. Am Gebirgsstock des Énos wächst die hier beheimatete, dunkle Kefalliniá-Tanne. Neben den bekannteren Obstsorten wird in den Gärten auch gern die vielkernige Mispel angebaut; Wein gedeiht überall, insbesondere aber auf Zákinthos und Kefalliniá.

Ikonen

Darstellungen von Heiligen und biblischen Ereignissen auf Tafelbildern nennt man in der orthodoxen Kirche Ikonen. Man findet sie in allen Gotteshäusern, aber auch in Privatwohnungen und Fahrzeugen.

Neben den klassischen Ikonen, wie sie überall im byzantinischen Raum zu finden sind, hängen in Kirchen und Museen der Ionischen Inseln auch als Ikonen bezeichnete Tafelbilder, die unter dem Einfluß Italiens entstanden und eher westlichen Sakralbildern ähneln. Sie werden von den Gläubigen wie jede andere Ikone behandelt, obwohl ihr alle Kriterien einer echten Ikone fehlen. In neuerer Zeit jedoch hält die klassisch-byzantinische Ikone wieder verstärkt Einzug in die Kirchen zwischen Korfu und Zákinthos; neue Ikonen im Stil der »Ionischen Schule« werden kaum mehr gefertigt und als Ikonen anerkannt.

Ikonen sind nämlich etwas ganz anderes als fromme Bilder in unseren Kirchen. Sie sind »Tore zum Himmel«. Sie bringen den Heiligen ins Haus, machen ihn präsent. Deswegen genießen sie große Verehrung, werden geküßt, mit Edelmetall, kostbar bestickten Vorhängen, Edelsteinen, Ringen und Uhren geschmückt. Wahre Ikonen sind Konsulate des Himmels auf Erden. Sie werden behandelt, als wären sie der oder die Heilige selbst.

Götzendienst ist das beileibe nicht. Die Verehrung gilt ja nicht dem Bild, weil die wahre Ikone sehr viel mehr als nur ein Bild ist. Die Verehrung gilt dem Dargestellten. Die Ikone ist nicht das Abbild des Heiligen, sondern mit ihm wesenseins.

Der klassische Ikonenmaler muß sich ebenso wie der Schöpfer von Wandmalereien in den Kirchen streng nach uralten Regeln richten. Er hat nur wenig Freiheiten, seine Phantasie und künstlerische Kreativität sind nicht gefragt. Das führt dazu, das sich so viele wirklich byzantinische Ikonen gleichen, ganz egal, aus welchem Jahrhundert sie stammen. Die Werke der Maler der Ionischen Schule sind hingegen Ausdruck eines völlig unorthodoxen Individualismus. Der traditionelle Ikonenmaler lehnt ihn ab. Für ihn gilt die strenge byzantinische Formentradition. Er hat sich während und vor allem nach dem Bilderstreit, dem Ikonoklasmos (726–843), herausgebildet. In jener Zeit kam es über die Frage, ob Ikonen von den

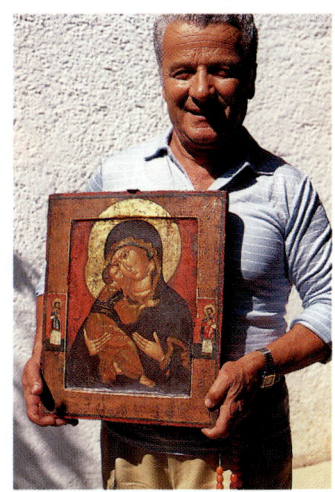

Ikonen sind ein bei Touristen beliebtes Souvenir

Gläubigern verehrt werden dürfen, zu einem regelrechten Bürgerkrieg im Byzantinischen Reich. Die Ikonenfreunde siegten. Fortan aber mußte es für jede Darstellungsweise eine theologische Bedeutung und Rechtfertigung geben und damit Malvorschriften, die auch heute wieder strikt eingehalten werden.

Inselheilige

Viele griechische Inseln haben ihren Schutzheiligen. Für Korfu ist es der hl. Spiridon, ein frühchristlicher Märtyrer. Auf Kefalliniá und Zákinthos verehrt man hingegen historisch genau faßbare Heilige: auf Kefalliniá den hl. Gerássimos, der vom Peloponnes stammt und 1579 auf Kefalliniá starb, auf Zákinthos den hl. Dionísios, der 1547 auf der Insel geboren wurde und hier 1622 auch starb. Alle drei Heilige werden auf Ikonen oft gemeinsam dargestellt.

Jagd

Bei Wanderungen im Inselinnern sieht man auf Schritt und Tritt leere Patronenhülsen aus Plastik in der Landschaft herumliegen, die in 100 Jahren noch nicht verrottet sein werden. Der Grund: Viele griechische Männer sind leidenschaftliche Jäger. Nach einer Schätzung des griechischen Tierschutzvereins gehen jährlich fast 400 000 Männer auf die Jagd, viele von ihnen illegal. Jagdschutzgesetze sind zwar vorhanden, werden jedoch kaum beachtet. So treffen sich in jedem Frühjahr Jäger aus dem ganzen Land auf Zákinthos. Allein auf dieser Insel sind 13 000 Jagdwaffen offiziell registriert, in Wirklichkeit aber über 30 000 vorhanden. Die Jäger schießen Turteltauben und zahlen für gute Unterstände am Berg Skópos bis zu 100 000 Drachmen Miete. Auch Falken, Reiher und viele andere geschützte Vogelarten fallen ihnen zum Opfer. Große und seltene Vögel werden ausgestopft gesammelt; kleinere Singvögel dienen für Schießübungen. Gegessen werden sie nicht. Auch die südlich von Zákinthos gelegenen, unbewohnten Strofaden sind beliebte Jagdreviere illegaler Jäger. Sie fliegen dort gar per Helikopter ein oder reisen mit eigenen Yachten an.

Kapodístrias

Viele Straßen auf den Ionischen Inseln sind nach Ioánnis Kapodístrias benannt. Der 1776 auf Korfu geboren Graf hatte schon zwischen 1800 und 1807 verschiedene Ämter auf den Inseln inne, trat später in die diplomatischen Dienste Rußlands ein, das er 1815 auch auf dem Wiener Kongreß vertrat. 1827 wurde er zum ersten Präsidenten des befreiten Griechenlands gewählt. Politische Gegner ermordeten ihn 1831 in der Stadt Nauplia auf dem Peloponnes.

Kíthira

In manchen Büchern wird die Insel Kíthira im Süden des Peloponnes zu den Ionischen Inseln gezählt. Das ist gerechtfertigt, weil sie in venezianischer und britischer Zeit unter gleicher Verwaltung stand wie die übrigen Inseln des Archipels. Geographisch gehört sie jedoch eindeutig zum Peloponnes; verwaltet wird sie zusammen mit Attika. Zwischen den Ionischen Inseln und Kíthira bestehen heute keinerlei Verbindungen mehr. Sie wird deswegen in diesem Führer auch nur ganz kurz beschrieben.

Meeresschildkröten

An den sandigen Stränden bei Langanás im Süden von Zákinthos legen seit Menschengedenken in jedem Sommer Meeresschildkröten von der Art Caretta caretta (Unechte Karettschildkröte) ihre Eier ab. Jetzt macht der Tourismus den ohnehin vom Aussterben bedrohten Tieren diese Brutstätte streitig. Die Schrauben von Motorbooten verletzen die Muttertiere; in den Sand gesteckte Sonnenschirme zerstören Gelege oder verhindern mit ihrem Schatten, daß die Eier ausgebrütet werden; die Lichter legal und illegal erbauter Hotels und Tavernen hindern die gerade geschlüpften Jungtiere daran, ihren Weg ins rettende Meer zu finden. Wer die Strände nicht ganz boykottieren will,

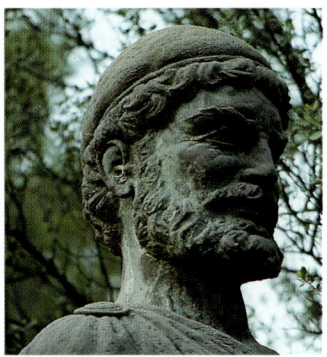

Sagenhafter Held: Odysseus

sollte sich zumindest bei den Tierschützern, die am Strand Informationsstände aufgebaut haben, darüber aufklären lassen, wie man Schaden vermeiden kann. Im Ort Fiskárdo auf Kefalliniá kann man sich über die Arbeit des WWF zum Schutz der letzten Meeresschildkröten informieren.

Mönchsrobben

Zwischen Léfkas und Zákinthos leben noch etwa 20 Mönchsrobben. Diese bis zu 250 kg schweren Tiere sind besonders stark von der Ausrottung bedroht: Weltweit leben zwischen Madeira und dem Schwarzen Meer nur noch etwa 1000 Exemplare. Ihr größter Feind waren früher die Fischer, die sie als Futterfeinde betrachteten; heute sind es Urlauber, die mit ihren Schlauch- und Motorbooten in die verstecktesten Meeresgrotten eindringen und damit die Tiere von ihren Brut- und Ruheplätzen vertreiben.

Odysseus

Itháki gilt als Heimat des Odysseus, Held der Odyssee, eines

über 2700 Jahre alten Epos, das dem sagenhaften Dichter und Sänger Homer zugeschrieben wird. Odysseus nahm als König von Ithaka am Krieg um Troja teil, den Homer in seinem anderen Epos, der Ilias, beschrieb. Nach Kriegsende begab sich der Held mit seinen Gefährten an Bord der Schiffe, die sie zurück nach Ithaka bringen sollten. Die Heimfahrt dauerte jedoch zehn Jahre lang; als einziger kam Odysseus dort an.

Zunächst segelte Odysseus mit seinen Mannen zur thrakischen Stadt Ismaros und plünderte sie. Bei den Lotosessern vergaßen die Gefährten dann die Heimfahrt und konnten von Odysseus nur gewaltsam zurück an Bord gezwungen werden. Der einäugige Riese Polyphem verschlang später zwei seiner Mannen. Auf der Insel des Windgottes Äolos schenkte der Gott Odysseus einen Windschlauch, in dem er alle widrigen Winde einfangen konnte. Doch als Ithaka schon in Sicht war, öffneten einige der Gefährten neugierig den Windschlauch; die Schiffe wurden zu den Lästrygonen abgetrieben. Sie zerstörten alle Schiffe bis auf das des Odysseus und verschlangen viele der Ithaker. Die Übriggebliebenen gelangten mit ihrem König zur Insel der Zauberin Kirke, die viele von ihnen in Schweine verwandelte, auf Drängen des Odysseus dann aber doch wieder menschliche Gestalt gab.

Nachdem die Überlebenden dem lockenden Gesang der Sirenen entgingen, weil Odysseus ihnen Wachs in die Ohren stopfte und sich selbst am Mast festband, tötete das sechsköpfige Ungeheuer Skylla sechs der Irrfahrer; auf der Insel Thrinakia schließlich vernichtete Gott Zeus alle Gefährten des Odysseus, weil sie die heiligen Kühe des Sonnengottes Helios verspeist hatten.

Odysseus segelte allein davon, kam zur Nymphe Kalypso, die ihn sieben Jahre lang liebevoll gefangenhielt. Dann war sie aber doch bereit, ihn fortziehen zu lassen. Odysseus gelangte als Schiffbrüchiger nach Korfu, wo ihm der Herrscher der dort lebenden Phäaken ein Boot überließ, mit dem er nach zehnjähriger Irrfahrt endlich wieder in die Heimat gelangte. Dort bedrängten schon lange schamlose Freier seine treue Gattin Penelope und bedrohten seinen Sohn Telemachos. Odysseus gelang es, sie zu vernichten und regierte anschließend noch lange als König über seine Insel.

Religion

Fast alle Griechen bekennen sich zum griechisch-orthodoxen Christentum. Die Frömmigkeit ist insbesondere auf dem Lande noch groß.

Dem Urlauber fallen zunächst die Kirchen und die vielen kleinen Kapellen auf, die anders aussehen als bei uns. Manche sind wie überall im übrigen Griechenland im byzantinischen Stil über kreuzförmigem Grundriß mit Kuppel erbaut, andere folgen dem italienisch beeinflußten Stil mit hallenartiger Kirche und hohem, freistehendem Glockenturm. Beiden Typen gemeinsam ist das Fehlen von Statuen, Beichtstühlen und Weihwasserbecken, wie sie in römisch-katholischen Kirchen üblich sind.

Überall auf den Ionischen Inseln begegnet man den orthodoxen Priestern. Sie tragen auch im Alltag lange, dunkle Gewänder, einen üppigen Bart und eine Kopfbedeckung, unter der nur ein mehr oder minder langer Zopf herausschaut. Die orthodoxen Geistlichen dürfen vor der Priesterweihe heiraten und haben oft große Familien. Sie werden vom Staat bezahlt und haben zusätzliche Einnahmen durch Spenden für Taufen, Hochzeiten und Begräbnisse.

Orthodoxe Gottesdienste dauern häufig zwei oder drei Stunden. Nur wenige Kirchenbesucher harren diese lange Zeit über aus. Es herrscht ein ständiges Kommen und Gehen, man plaudert auch während des Gottesdienstes gelegentlich miteinander. Predigten sind kaum üblich; Hauptmerkmal des Gottesdienstes ist der Wechselgesang der täglich unterschiedlichen Liturgie, die vom Priester und einigen Laien zelebriert wird. Gesangbücher gibt es nicht. Äußerliche Unterschiede zwischen orthodoxen und anderen Christen zeigen sich in der Art der Bekreuzigung. Der orthodoxe Christ schlägt das Kreuz nur mit drei Fingern. Ein wichtiges Ritual ist das Küssen der Ikonen.

Die orthodoxen Christen erkennen den Papst nicht als Oberhaupt der Christenheit an. Sie fühlen sich den Aposteln und den frühen Christen eng verbunden, weil sich ihre Glaubensgrundsätze seit dem 9. Jahrhundert nicht mehr verändert haben. Sie beklagen das Werk der protestantischen Reformatoren und die vom Papst immer wieder einmal verkündeten neuen Dogmen als Menschenwerk und Abweichungen vom wahren Glauben. Zur offiziellen Kirchenspaltung, dem Schisma, kam es bereits im Jahr 1054. Dogmatische Unterschiede gibt es viele. Zur Kirchenspaltung kam es, weil die Orthodoxen glauben, daß der Heilige Geist nur von Gottvater ausgeht, während die »Papisten« verkündeten, er ginge von Vater und Sohn zugleich aus. Für die Orthodoxen ist Maria nach ihrem Tode nicht leiblich gen Himmel gefahren, Christus trug nur ihre Seele davon. Darum wird am 15. August, einem der höchsten Feiertage des orthodoxen Festkalenders, auch nicht Mariä Himmelfahrt gedacht, sondern Mariä Entschlafung.

Solomos

Der bedeutendste Dichter der Ionischen Inseln und einer der wichtigsten Griechenlands war Dionisios Solomos (1798 bis 1857). In seiner Geburtsstadt Zákinthos ist er in einem ihm gewidmeten Museum beigesetzt. Solomos Verdienst war es, der griechischen Volkssprache als Sprache der Lyrik anstelle des Italienischen und der gelehrten griechischen Schriftsprache zum Erfolg verholfen zu haben. Er ist auch der Dichter der griechischen Nationalhymne, die ein Korfiote – Nikolaos Mantzaros (1795–1874) – vertonte.

Umweltschutz

Umweltschutz wird in Griechenland klein geschrieben. Den Hellenen fehlen sowohl das Geld als auch das rechte Verständnis für seine Notwendigkeit. Strände werden nur unmittelbar vor Tavernen und Hotels regelmäßig gereinigt, Sondermüll wird kaum gesammelt, sämtlicher Müll verbrennt unter freiem Himmel und setzt so Gifte frei, die auf Felder und Dörfer niederfallen. Abwässerprobleme kennen allerdings nur die größeren Städte, weil ansonsten häusliche Abwässer generell in Sickergruben geleitet werden.

Als Urlauber kann man ein wenig dazu beitragen, das Bewußtsein der Griechen für die Umwelt zu schärfen. Man kann z. B. Mineralwasser in Plastikflaschen und Getränke in Dosen zurückweisen, seine eigenen Abfälle demonstrativ in Papierkörbe werfen oder gesammelt mit ins Hotel bringen und ganz allgemein darauf hinweisen, daß Umweltschäden, Bausünden und Meeresverschmutzung die größte Gefahr für die touristische Zukunft und damit auch für den Geldbeutel vieler Griechen darstellen.

Die Marco-Polo-Bitte

Marco Polo war der erste Weltreisende. Er reiste in friedlicher Absicht, verband Ost und West. Er wollte die Welt entdecken, fremde Kulturen kennenlernen, nicht zerstören. Könnte er für uns Reisende des 20. Jahrhunderts nicht Vorbild sein? Aufgeschlossen und friedlich sollte unsere Haltung in anderen Ländern sein. Dazu gehören auch Respekt vor Mensch und Tier und die Bewahrung der Umwelt.

Speisen wie ein Grieche

Atmosphäre und Ambiente sind wichtiger als eine ausgefeilte Kochkunst

Griechische Restaurants und Tavernen sind kein Paradies für Feinschmecker. Gourmet-Tempel wie in Frankreich oder Italien sucht man in Hellas vergebens. Die griechische Küche ist bodenständig geblieben, kommt ohne Raffinessen aus und kann dabei doch äußerst schmackhaft sein. Denn auf gute und frische Rohwaren legt der Grieche Wert. So sind denn Fischgerichte und Meeresfrüchte besonders zu empfehlen — leider aber auch besonders teuer.

Die Auswahl an Lokalen ist auf allen Inseln riesig. Viele sind bereits ab 9 Uhr morgens geöffnet und bieten dann ein üppiges englisches Frühstück und diverse Variationen von Omelettes an. Griechischer ist es freilich, wenn man morgens einen Reispudding oder ein Yoghurt mit Honig oder Früchten genießt.

Die meisten griechischen Speiselokale kennen keine Ruhezeit und servieren durchgehend von mittags bis Mitternacht, was der Gast wünscht. Für den kleinen Hunger gibt es nicht nur eine stetig zunehmende Zahl moderner Snack-Bars amerikanischen Stils, sondern immer noch viele kleine Grillbuden, an denen man Gíros im Fladenbrot, griechische Bratwürste und Suvlákia, kleine Fleischspieße, bestellen kann.

TAVERNEN UND RESTAURANTS

Als Taverne bezeichnet man ein traditionelles, als Restaurant ein nach westlichen Vorbildern mehr oder minder modern gestaltetes Speiselokal.

Echte Tavernen sind immer einfach. Man sitzt an Holz- oder Blechtischen, die meist nur mit einem Plastiktuch oder einem sehr einfachen Stofftuch bedeckt sind. Um das zu schonen, spannt der Kellner nach Ankunft der Gäste noch eine Papierdecke darüber. Er bringt unaufgefordert einen Korb mit Weißbrot, das auf jeden Fall bezahlt werden muß, kleine Papierservietten und billige Blechbestecke. Die Gäste haben vorher in der Küche oder am Warmhaltetresen ge-

Das Kafeníon ist der Mittelpunkt des Dorflebens

schaut, was es gibt; zusätzlich kann man den Kellner nach seinen Empfehlungen fragen. Speisekarten nimmt ein Grieche fast nie zur Hand; sie sagen nichts über Frische und Qualität der Gerichte aus. Für Ausländer gibt es sie natürlich. Man bestellt am Tisch immer mehrere Gerichte gemeinsam. Der Kellner bringt dann alles auf einmal. Eine bestimmte Reihenfolge oder gar eine Menükomposition kennt der Grieche nicht. Vorspeisen, Salate und Hauptgerichte, ob warm oder kalt, werden zugleich auf den Tisch gestellt. Wer das verhindern will, muß jeden neuen Gang einzeln bestellen.

Alle Teller gehören allen. Jeder nimmt sich auf die Gabel, wonach es ihn gelüstet. Nur selten wünscht man sich Kalí óreksi, guten Appetit. Der Wein schimmert in kleinen Wassergläsern, man prostet einander zu: *Stin ijía mas* — auf unsere Gesundheit! In traditionellen Tavernen gibt es noch Wein vom Faß. Gegen den Durst stellt der Kellner dem Gast eine Karaffe mit Wasser, *neró*, dazu.

Kleines Lexikon griechischer Spezialitäten

bámies Okraschoten

choriátiki saláta Bauernsalat, gemischt aus Tomaten, Gurken, Zwiebeln, Oliven und Féta

dolmádes mit Reis und Hackfleisch gefüllte Weinblätter

fasoláda Bohnensuppe

féta weißer Schafskäse

jemistés mit Reis und Hackfleisch gefüllte Paprikaschoten, Tomaten oder Auberginen

juvétsi überbackene, Reis ähnlich sehende Weizennudeln mit Rindfleisch

kalamária Tintenfische

kokorétsi in Darm gewickelte, am Spieß gegrillte Innereien

kreatópitta in Blätterteig ausgebackenes Fleisch

márides knusprig ausgebackene Sardellen, die man mit Haut und Gräten, Kopf und Schwanz verzehrt

mussaká Auflauf aus Auberginen oder Zucchini, Kartoffeln, Hackfleisch und Bechamelsoße

oktapódi Krake, gegrillt, als Stew gekocht oder kalt als säuerlicher Salat serviert

paidákia Lammkoteletts

pastitsádo Schmorfleisch mit Nudeln in einer gut gewürzten Tomatensoße — eine Spezialität der Ionischen Inseln

stifádo meist Rind-, manchmal auch Kaninchengulasch mit Zwiebelgemüse in einer mit Zimt gewürzten Tomatensoße

sofríto geschmortes Fleisch mit Reis in einer mit Knoblauch gewürzten Weißweinsoße — eine Spezialität der Ionischen Inseln

suvláki Fleischspieße aus Rind- oder Schweinefleisch

táramosaláta rötlicher Brei aus geriebenen Kartoffeln und Fischrogen, gilt als Salat

Als Nachtisch gibt es in echten Tavernen bestenfalls Obst. Auch Kaffee wird hier nur selten serviert. Die Rechnung wird immer für die gesamte Tischgemeinschaft zusammen ausgestellt; bei Ausländern freilich bemüht man sich inzwischen auch, auf deren Wunsch nach getrennter Zahlung einzugehen.

Meeresfrüchte und frischer Fisch werden häufig nach Gewicht abgerechnet. Der Preis in der Speisekarte ist ein Kilopreis. Um unliebsame Überraschungen zu vermeiden, empfiehlt es sich, beim Abwiegen dabei zu sein und sogleich nach den Kosten zu fragen.

RESTAURANTS

Dem westlichen Urlaubergeschmack entsprechend gibt es in den Touristenzentren immer seltener Tavernen und dafür moderne Restaurants. Da ist die Atmosphäre anheimelnd, Kerzen brennen auf dem Tisch, auf dem Stofftischdecken und Stoffservietten liegen. Der Wein wird aus Flaschen in richtige Weingläser eingeschenkt, leise Musik sorgt für romantische Untermalung. Die Gerichte aber sind meist die gleichen wie in den Tavernen, ergänzt vielleicht durch einige Anleihen aus der internationalen Küche. Perfekten Service darf man auch in Restaurants nicht erwarten; oft wird zum höheren Preis sogar eine geringere Leistung als in den Tavernen geboten.

OUZERÍ UND KAFENÍON

Traditionelle griechische Eßlokale sind auch die Ouzerien. Die meisten Einheimischen trinken hier kleine Karaffen oder Fläschchen des Nationalgetränks Ouzo, eines Anisschnapses. Dazu werden Oktopus, Fisch- und Fleischgerichte, Salate oder einfach nur Oliven, Gurken und Tomaten serviert; im Unterschied zu anderen Eßlokalen bestellt man hier aber von vielem Wenig. Man kann die Auswahl auch dem Wirt überlassen und einfach *Pikilía* und *Mezédes* (gemischte Hors d'œuvres) ordern.

Griechische Kaffeehäuser sind der Treffpunkt der einheimischen Männerwelt. In den Touristenzentren sind sie zwischen all den Bars und Cafés westlichen Typs manchmal nur noch in den Außenbezirken zu finden, doch in den Dörfern ist das Kafeníon noch immer der Mittelpunkt des sozialen Lebens. Verzehrzwang gibt es nicht. So sieht man häufig volle Kafenía, doch getrunken wird kaum etwas. Man sitzt beieinander, um über Gott und die Welt, vor allem aber über griechische Politik zu reden, Távli (eine Art Backgammon), Dame oder Karten zu spielen.

Wer Kaffee bestellen will, muß dazu sagen, wie er ihn wünscht. Beim griechischen Kaffee wird das Wasser nämlich zusammen mit dem Kaffeepulver und dem Zucker aufgekocht. *Kafé ellinikó* gibt es in vielen Variationen: *skétto*, ohne Zucker; *métrio*, mit etwas Zucker; *glikó*, mit viel Zucker; *dipló*, als doppelte Portion. Auch löslicher Kaffee ist in fast allen Kafenía erhältlich. Man bestellt ihn grundsätzlich als *neskafé* — entweder *sestó*, heiß, oder *frappé*, kalt. Am besten sagt man auch hier gleich den gewünschten Süßegrad dazu.

Shopping am Straßenrand

Typisch sind landwirtschaftliche Produkte

Was die Souvenirgeschäfte auf den Ionischen Inseln anzubieten haben, stammt zumeist aus Werkstätten auf dem Festland oder gar aus dem fernen Taiwan. Wer sicher sein will, wirklich Ionisches mit nach Hause zu bringen, kauft landwirtschaftliche Produkte ein. Sie werden nicht nur auf den Märkten, sondern auch in Privathäusern und *Kafenía*, in den Krämerläden der Dörfer und an Ständen am Straßenrand angeboten. Kunsthandwerk kauft man am besten direkt beim Hersteller: Maler und Keramiker findet man auf vielen der Ionischen Inseln.

Ganz besonders beachtenswert, aber selten zu finden, sind Schnitzereien aus Olivenholz: Schalen und Buttermesser, Becher und Teller. Gehäuft angeboten werden sie im Nordwesten Korfus zwischen Paleokastrítsa und Makrádes, wo auch Händler Kräuter aus den Bergen feilbieten.

Wohlduftender Thymianhonig wird von Imkern auf allen Inseln verkauft; das Olivenöl schmeckt am besten, wenn man weiß, aus welchem Hain es stammt. Stickereien und Webarbeiten gibt es zwar auch in den Souvenirgeschäften zuhauf; mehr Spaß macht es aber sicherlich, solche Handarbeiten direkt von den Frauen zu erstehen, die sie gefertigt haben.

Originelle Souvenirs sind außerdem auf Kefalliniá und Zákinthos hergestellte Eaux de Toilettes und die guten Robóla-Weine von Kefalliniá. Eine Spezialität der Insel Korfu sind die zu Marmelade und Likör verarbeiteten oder als ganzes süß eingelegten Zwergorangen, die sogenannten Kumquats.

Die Ladenschlußzeiten werden in Griechenland von Regierungsbezirk zu Regierungsbezirk und je nach Sparte und Jahreszeit unterschiedlich festgelegt. Im Sommerhalbjahr kann man davon ausgehen, daß alle Märkte und Geschäfte zumindest von 8–13 Uhr geöffnet sind und dienstags, donnerstags und freitags zusätzlich von etwa 17.30–20 Uhr. In den Touristenzentren halten viele Geschäfte abends deutlich länger geöffnet.

Der Maler Livadas auf Kefalinia bevorzugt Seestücke

Fröhlich feiern unter südlichem Himmel

Kulturfestivals, Kirchweihfeste und Prozessionen füllen einen umfangreichen Festkalender

Auf den Ionischen Inseln sind Heilige ein Teil des täglichen Lebens. Ihre Gebeine werden in den Kirchen als Reliquie verehrt und mehrmals im Jahr durch die Straßen der Stadt getragen. Hohe Festtage im Kirchenjahr sind auch Rosenmontag, Ostern und der Tag der Marienentschlafung am 15. August.

Folklore-, Musik-, Theater- und Kulturfestivals werden auf vielen Inseln in den Sommermonaten veranstaltet. Mal sind mittelalterliche Festungen, mal Freilichttheater Schauplatz des Geschehens.

GESETZLICHE FEIERTAGE

1. Januar *Neujahr*
6. Januar *Epiphanias*
Rosenmontag
25. März *Nationalfeiertag*
Karfreitag, Ostersonntag, Ostermontag
1. Mai
21. Mai *Nationalfeiertag der Ionischen Inseln*

Folkloregruppe in typischen Trachten auf Korfu

Pfingstsonn- und -montag
15. August *Mariä Entschlafung (Himmelfahrt)*
28. Oktober *Nationalfeiertag*
25./26. Dezember *Nationalfeiertag*

FESTIVALS UND ÖRTLICHE VERANSTALTUNGEN

Januar

6. Januar: *Epiphanias.* Während die römischen Katholiken das Fest der Heiligen Drei Könige feiern, begeht die orthodoxe Kirche den Tag zur Erinnerung an die Taufe Christi als Wasserweihe. In vielen Küstenorten finden Messen und Prozessionen am Strand statt.

März

Karneval: Wird in Korfu-Stadt an den drei Sonntagen und am Donnerstag vor Rosenmontag gefeiert, in den anderen Städten am letzten Karnevalssonntag.

Rosenmontag: Besonders schön in Zákinthos-Stadt mit Umzug, Weinausschank, und Kunsthandwerksausstellungen. 1993 am 2. März; 1994 am 15. März; 1995 am 6. März.

MARCO-POLO-TIPS FÜR FESTE

1 **Osternacht auf Korfu**
Die ersten Minuten des Ostersonntags werden auf der Esplanade von Korfu zum besonderen Erlebnis (Seite 26)

2 **Kulturfestival auf Léfkas**
Theater und stimmungsvolle Konzerte in den Mauern einer Festung und Kunstausstellungen mit Niveau (Seite 27)

25. März: *Nationalfeiertag.* Zum Gedenken an den Beginn des griechischen Freiheitskampfes gegen die Türken (1821) finden in allen größeren Städten Paraden und Kranzniederlegungen statt. Klerus und Militär ziehen mit Musik durch die Straßen, dazu viele Schulkinder in schönen Trachten.

April
Sonntag vor Ostern: *Prozession* zu Ehren des hl. Spiridon in Korfu-Stadt.

Karfreitag: Am frühen Abend ziehen *Prozessionen* durch die Straßen; in der Nacht zum Samstag brennen vor vielen Kirchen Judaspuppen im Feuer, halten Menschen in den Kirchen Wache am Grabe Christi.

Ostersamstag: Prozession zu Ehren des hl. Spiridon in Korfu-Stadt.

★ *Ostern* wird mit einem Gottesdienst um Mitternacht begonnen. In der völlig verdunkelten Kirche verkündet der Priester in den ersten Minuten des Ostersonntags, daß Christus auferstanden ist. Die Gläubigen entzünden mitgebrachte Kerzen an der Kerze des Priesters, ein großes Feuerwerk wie bei uns zu Silvester beginnt. Man geht nach Hause oder in eine Taverne, um die Ostersuppe Margarítsa zu essen (gekocht aus Innereien von Lamm und Ziege) und feiert Ostersonntag und -montag über im Freundes- und Familienkreis.

1993 am 18./19. April; 1994 am 1./2. Mai; 1995 am 23./24. April.

Mai
Mitte Mai – Mitte Juni: *Wettbewerb griechischer Laienspieltheater* auf Itháki.

21. Mai: *Nationalfeiertag* zum Gedenken der Vereinigung der Ionischen Inseln mit Griechenland im Jahr 1864. Paraden in allen Städten.

Juni
1. Junihälfte: *Frühlingsfestival der Kammermusik* in Korfu-Stadt mit Konzerten im Palast von St. Michael und St. George.

30. Juni: *Kirchweihfest* mit Tanz und Musik in Fríkes auf Itháki.

Juli
1. Sonntag im Juli: *Kirchweihfest* in der Wallfahrtskirche von Macherádo auf Zákinthos.

2. Julihälfte: *Theaterfestival* in Argostóli auf Kefalliniá.

August
1.–31. August: Internationales *Festival des mittelalterlichen Theaters*

in Zákinthos-Stadt. *Weinfest* in Perachóri auf Itháki.

Erste Augusthälfte: ★ *Kulturfestival* in Lefkáda auf Lefkas.

5./6. August: *Kirchweihfest* mit Musik und Tanz auf der Platía von Stavrós auf Itháki.

2. Sonntag im August: *Nachvollzug einer traditionellen lefkadischen Hochzeit* in Kariá auf Léfkas.

11. August: *Prozession* zu Ehren des hl. Spiridon in Korfu-Stadt.

15. August: *Mariä Entschlafung*, wird in vielen Orten mit Musik und Tanz gefeiert.

16. August: *Reliquienprozession* im Kloster Ágios Gerássimos auf Kefalliniá.

24. August: *Fest mit Feuerwerk* zu Ehren des hl. Dionísios in Zákinthos-Stadt.

Ende August: *Kulturfestival* in Vathí auf Itháki mit internationalen Theatergastspielen und musikalischen Erstaufführungen griechischer Komponisten.

September

1.–30. September: *Kérkira-Festival* in Korfu-Stadt mit Folkloredarbietungen, klassischen Konzerten, Ballett- und Theatervorführungen.

Anfang September: Internationale *Tanzfestivals* in Argostóli und Lixúri auf Kefalliniá.

Oktober

20. Oktober: *Reliquienprozession* im Kloster Ágios Gerássimos auf Kefalliniá.

28. Oktober: *Nationalfeiertag* zum Gedenken an den griechischen Kriegseintritt im Jahre 1940 mit Militärparaden in allen größeren Städten.

November

1. Sonntag: *Prozession* zu Ehren des hl. Spiridon in Korfu-Stadt.

Dezember

24./25. Dezember: *Weihnachten* wird nur in den Kirchen, nicht aber in den Familien gefeiert.

31. Dezember: Die *Silvesternacht* verbringen die meisten griechischen Männer beim Glücksspiel um hohe Beträge. Ihrem Finder Glück bringen soll die Münze, die in die Vassilópitta eingebacken wurde, einen Kuchen, der um Mitternacht angeschnitten wird. In der Nacht werden die Kinder vom Ai Vassíli, ähnlich wie bei uns vom Nikolaus, beschenkt.

Im Palast von St. Michael und St. George finden auch Konzerte statt

Im Reich des Odysseus

. . . sieht man nur selten Fremde

Die Heimatinsel des Helden Odysseus, bei uns als Ithaka bekannt, von den Einheimischen meist Thiáki genannt, schmiegt sich dicht an die Ostküste Kefallinias, von dem sie nur durch einen schmalen Meeresarm getrennt ist. Itháki ist 24 km lang und 6 km breit; der Nord- und der Südteil der Insel sind durch einen 600 m breiten Isthmus miteinander verbunden. So ergeben sich bei Fahrten über die Höhenstraße der Insel immer wieder faszinierende Ausblicke auf Buchten und Küsten.

Bei seiner Heimkehr wurde Odysseus von einem Sauhirten bewirtet

Die meisten Siedlungen liegen im hügeligen, fruchtbaren Inselnorden. Die Dörfer entvölkern sich jedoch zusehends, da immer weniger junge Leute bereit sind, ihr kärgliches Brot mit harter Arbeit in der Landwirtschaft oder Fischerei zu verdienen. So liegt das eigentliche Inselzentrum jetzt im Süden in der Inselhauptstadt Vathí und dem nahen Bergdorf Perachóri.

Daß Itháki schon zu Zeiten des Trojanischen Krieges, also um 1200 v. Chr., besiedelt war, ist sicher nachgewiesen. Ob die Insel aber wirklich jemals einen König namens Odysseus hatte, ist zweifelhaft. Die Ithaker selbst glauben daran — und wollen auch den Reisenden in diesem

---

Hotel- und Restaurantpreise

Hotels

Kategorie 1: 13000—25000 Drs.
Kategorie 2: 7500—13000 Drs.
Kategorie 3: 4000—7500 Drs.
Die Preise gelten für zwei Personen im Doppelzimmer mit Frühstück pro Nacht in der Hauptsaison

Restaurants

Kategorie 1: über 3000 Drs.
Kategorie 1: 2001—3000 Drs.
Kategorie 3: 1300—2000 Drs.
Die Preise gelten für ein Essen mit Fleischgericht, Beilagen, Salat und einer halben Flasche Wein

MARCO-POLO-TIPS FÜR ITHÁKI

1 Kióni
Das schönste Dorf der
Insel (Seite 31)

2 Arethusa-Quelle
Eine einsame Wanderung
ins Reich der Legenden
(Seite 30)

3 Perachóri
Bergdorf mit Panorama-
blick (Seite 31)

4 Anogí
Bergdorf zwischen bizar-
ren Felsen mit fresken-
geschmückter Kirche
(Seite 30)

5 Stavrós
Ob hier der Palast des
Odysseus stand, fragt
man sich in guten
Tavernen (Seite 32)

Glauben bestärken. So stehen an vielen Stellen der Insel einfache Hinweisschilder, die Quellen und Strände, Höhlen und Ebenen mit Schauplätzen aus der Odyssee in Verbindung bringen. Der Urlauber wird beschäftigt — und wenn die Ziele selbst auch historisch nichts hergeben, so lohnt sich doch der oft schöne Spaziergang dorthin. Andere Sehenswürdigkeiten hat die Insel nämlich kaum zu bieten; auch die wenigen Strände sind klein, kieselig und nicht sehr attraktiv. Dafür sind Vathí und die meisten anderen Orte vom ausländischen Fremdenverkehr noch wenig berührt. Hotels und Fremdenzimmer sind in der Hochsaison knapper als auf anderen Inseln, so daß die Vorausreservierung eines Zimmers vor allem im August ratsam ist. (C 5)

BESICHTIGUNGEN UND ORTE

Aetós

Am Hang des 380 m hohen Berges nordwestlich von Vathí lag die antike Stadt Alalkoméne. Sie war von etwa 1400 v.Chr. bis in römische Zeit hinein besiedelt.

Auf dem Gipfel sind Zisternen und die Umfassungsmauer der Akropolis aus dem 5. Jh. v.Chr. noch gut erhalten. Auf der Paßhöhe zwischen Ost- und Westküste sind unmittelbar neben der Straße, die von Vathí zum Fähranleger und zur im Sommer oft übervollen Strandbucht von Pisoaéto führt, noch mehrere Quaderlagen eines hellenistischen Turms zu sehen.

Anogí

★ Das kleine Bergdorf liegt über 500 m hoch auf einer verkarsteten Hochebene mit bizarren Felsblöcken. Unmittelbar an der Hauptstraße steht die Mariä Entschlafung geweihte Kirche mit Campanile und gut erhaltenen Fresken aus dem Jahr 1670. *Kirche tgl. 8—12 und 16—20 Uhr*

Arethusa-Quelle

★ Eine schöne Wanderung führt in etwa 90 Minuten von Vathí zur Quelle, die vor einer steilen Felswand über der südlichen Ostküste der Insel liegt. Hier soll der Hirte des Odysseus die Schweine seines Herrn getränkt haben. Vom Hafen aus folgt man dem Wegweiser »Cave of Eumaus« durch den Ort, geht dann auf einem breiten Feldweg weiter. Nach 4,2 km weist vor einer Brücke ein Schild zur Höhle des Eumäos. 250 m weiter zweigt nach links ein schmaler Pfad zur Quelle ab. Der Feldweg selbst führt auf die knapp 300 m hoch gelegene Marathiá-Hochebene, auf der Eumäos die Schweineherden des Odysseus geweidet haben soll.

Dexiá-Bucht

Die Bucht mit dem immer noch besten der kargen Inselstrände hält die Legende für den homerischen Forkinos-Hafen, in dem die Phäaken Korfus Odysseus in seiner Heimat absetzten.

Kióni

★ Kióni gilt vielen als schönster Ort der Insel. Das Dorf umschließt auf drei Seiten das innere Ende einer Bucht und ist von Olivenbäumen und Zypressen umgeben. Zu Fuß oder per Boot gelangt man in wenigen Minuten zu mehreren kleinen Kiesstränden.

Kloster Katharón

〰 Vom freistehenden Glokkenturm außerhalb des 556 m hoch gelegenen Klosters aus hat man einen schönen Blick über weite Teile der Insel. In der der Gottesmutter geweihten Klosterkirche aus dem Jahr 1696 verdienen die vielen Weihegeschenke Beachtung, darunter auch ein von Onassis gestifteter Leuchter. *Nur im Hochsommer geöffnet*

Nymphengrotte

Nach seiner glücklichen Heimkehr nach Itháki gab Odysseus seine Habe zunächst in die Obhut von Nymphen, die ihre Wohnstatt in einer kleinen Grotte oberhalb der Dexiá-Bucht hatten. Sie in den Tropfsteingebilden wiedererkennen zu lassen, sollen effektvoll eingesetzte Scheinwerfer und leise Hintergrundmusik ermöglichen. Von der Nymphengrotte kann man in etwa 75 Minuten nach Vathí zurückwandern: man folge an der Grotte dem Schild zum Kassonaki Sculptured Grave, einem aus dem Fels herausgemeißelten Sarkophag mit nur noch schwach erkennbarem Tierrelief. *Nymphengrotte: Mai–Sept. tgl. 9–21 Uhr*

Perachori, in der Johannes-Kirche

Perachóri

★ 〰 Nur 2 km oberhalb von Vathí liegt in etwa 300 m Höhe das größte Dorf der Insel (500 Ew.). Zwischen den am Hang verteilten Häusern bleibt viel Platz für Weinterrassen und kleine Olivenhaine; der Blick auf die

Hafenbucht ist außerordentlich schön. Leider fehlen ansprechende Tavernen.

Von der mittelalterlichen Besiedlung dieses Fleckens zeugen noch mehrere Ruinen. Gleich am unteren Ortseingang stehen links der Straße die Überreste eines venezianischen Hauses und einer Kirche, in der Reste von Wandmalereien zu erkennen sind. Im Dorfzentrum weist ein Schild den Pfad durch Olivenhaine zur Ruine der Johanneskirche mit weiteren Fresken.

Platrithiás

Am Dorfrand steht unmittelbar an der Straße nach Kolliéri ein originelles Denkmal für all die Generationen, die jahrtausendelang den Boden Attikas bestellten: zwei aus alten Mühlsteinen errichtete Obelisken.

Mühlstein-Obelisk bei Plathrithías

Stavrós

★ Das größte Dorf des Inselnordens (350 Ew.) liegt auf einem Bergrücken, von dem aus sowohl die Ost- als auch die Westküste der Insel zu sehen sind. Auf dem Dorfplatz steht eine Büste des Odysseus, dessen Palast sich nach Meinung einiger Archäologen im Ortsteil Pelikáta befunden haben soll. Eine Stichstraße führt hinunter in die Bucht von Pólis. In dieser Küstenebene wurden Spuren eines antiken Stadions entdeckt; auf dem Bergkamm auf der anderen Seite der Bucht sind noch antike Mauern zu erkennen.

VATHI

Die Inselhauptstadt (2000 Ew.) ist ein beschauliches Städtchen ohne bedeutende Sehenswürdigkeiten. Sie liegt am inneren Ende einer langen, fjordähnlichen Bucht, die sich nicht direkt zum Meer hin öffnet, sondern sich vielmehr dorthin schlängelt. In den vielen Cafés auf der abends lebhaften Uferpromenade hat man das Gefühl, an einem großen See zu sitzen.

Aus der Zeit vor 1953 steht noch eine Villa am Hafen; die meisten Häuser der Stadt wurden vom Erdbeben ebenso zerstört wie die Quarantänestation aus dem 19. Jh. auf dem Inselchen Lazaretto in der Hafenbucht. Zu den kurzen Kiessträndenauf der anderen Seite der Bucht fahren Badeboote.

Einen Blick wert ist die Mitrópolis-Kiche, Mariä Lichtmeß geweiht. Die Ikonostase ist sehr schön geschnitzt. *Hinter dem Hotel Mentor in der Odos Mar. Ferentiou*

MUSEUM

Archäologisches Museum

Ausgestellt sind vor allem Funde aus der Siedlung Alalkomene am Hang des Berges Aetós. *Vathí, Di—So 9—14 Uhr, Eintritt 400 Drs.*

RESTAURANTS

Kantouni

Auch äußerlich gefällige Taverne an der Uferpromenade mit Garten hinterm Haus. *Odos Ploiarchou Georg. Gratsou, Kategorie 2*

O Kostas

Einfache, ursprüngliche Taverne in einer Seitengasse der Uferpromenade. *Odos Doureiou Ippou, Kategorie 3*

EINKAUFEN

Elpinor

Origineller Laden an der Uferstraße mit vielen Schiffsbildern, Bric-a-Brac, bemalten Kieselsteinen und Schmuck. *Paralia 160*

HOTELS

Kioni

Apartment-Hotel unmittelbar an der Uferpromenade. *Kióni, Tel. 06 74/3 13 62, Kategorie 2*

Mentor

Mit 36 Zimmern und Apartments größtes Inselhotel am innersten Ende der Bucht. *Vathí, Tel. 06 74/3 24 33, Kategorie 2*

Nostos

Kleines, zweigeschoßiges, sehr gepflegtes Hotel, 900 m vom nächsten Kiesstrand entfernt. *Fríkes, Tel. 06 74/3 16 44, Kategorie 2*

Odysseus

Kleine, der Gemeinde gehörende Pension. *Vathí, Tel. 06 74/3 23 81, Kategorie 3*

AM ABEND

Theatergastspiele und Konzerte finden in Vathí überraschend häufig statt. Andere Interessen befriedigt die immer gut besuchte Diskothek *Lazaretto* im Ortszentrum. Eine gepflegte Abendbar ist die Bar *Sirenes—Ithaki Yacht Club* in einem schön restaurierten Haus in der Parallelgasse zur Uferstraße, der *Odós Doureiou Ippou. Bar Sirenes tgl. ab 19 Uhr, Lazaretto: Di—So ab 22 Uhr*

AUSKUNFT

Auskünfte über die Insel geben die Reisebüros an der Uferpromenade, die auch Zimmer, Apartments und Ferienhäuser vermitteln.

Polyctor Tours

Platía Drakuli, 283 00 Vathí, Tel. 06 74/3 31 20, Fax 06 74/3 31 30

Fährverbindungen

Ganzjährig täglich Verbindungen von Pisoaétos mit Sámi/Kefalliniá, Fiskárdo/Kefalliniá und Vassilikí/Léfkas sowie von Vathí mit Astakós/Festland, Pátras/Festland, Sámi/Kefalliniá und Agía Evfimía/Kefalliniá. Im Hochsommer außerdem täglich Verbindung von Fríkes mit Nidrí/Léfkas und Fiskárdo/Kefalliniá.

Im Sommer mehrmals wöchentlich Verbindung von Vathí mit Igumenítsa/Festland, Paxí und Korfu-Stadt. *Auskunft: Hafenpolizei Vathí, Tel. 06 74/3 29 09*

Vielfalt von Dörfern und Stränden

Bergland mit Zypressen und Ölbäumen

Vielfältig wie die Insel ist auch die Schreibweise ihres Namens. Vor allem Kefalonia und Cephalonia sind gebräuchlich.

Wie abwechslungsreich Kefalliniá ist, zeigt eine Rundfahrt über die Insel, für die man freilich mindestens drei Tage benötigt — immerhin ist sie ja doppelt so groß wie das deutsche Bundesland Berlin.

Im Norden scheint sich die Halbinsel Érissos an die Umrisse des benachbarten Itháki anzuschmiegen. Nur zwei Dörfer, Ássos und Fiskárdo, liegen hier an der Küste; weitaus die meisten Menschen siedeln in noch sehr ursprünglich gebliebenen Bergdörfern im Binnenland. Die Hänge sind in den niederen Regionen von Ölbäumen und Zypressen bedeckt; auf kleinen Hochebenen werden Getreide, Obst und Gemüse angebaut. An den kahlen Hängen der steil abfallenden Westküste der Halbinsel Érissos weiden Schafe und

Ziegen ober- und unterhalb einer atemberaubend schönen, aber auch kurvenreichen und gegen den Abgrund durch keinerlei Leitplanken gesicherten Panoramastraße.

Ganz anders gibt sich die Halbinsel Palíki, deren bedeutendster Ort das Städtchen Lixúri ist. Im Osten grenzt sie an die flache, lagunenartige Bucht von Argostóli und steigt von dort sanft zur Westküste hin an, die dann steil ins Ionische Meer abfällt. Lange, rötlich gefärbte Sandstrände säumen die Südküste mit ihren niedrigen, weißen Kalkfelsen und einem fast wüstenhaften Hinterland mit tief eingeschnittenen Trockenbachtälern und tafelbergartigen Plateaus.

Den Kern der Insel bildet ein mächtiges Zentralgebirge mit dem 1131 m hohen, überwiegend kahlen Berg Agía Dínami und dem von dunklen Tannen bestandenen, 1628 m hohen Énos. Parallel dazu verläuft entlang der Ostküste der 1082 m hohe Bergzug des Kókkini Ráchi. In diesen Bergregionen gibt es nur wenige Siedlungen. Dafür

Der schöne Strand Platis Jálos auf der Lassí-Halbinsel ist im Hochsommer oft überfüllt

entstanden in den beiden Küstenebenen an windgeschützten Buchten die beiden Hafenstädtchen Argostóli und Sámi. Sehr dicht besiedelt ist auch das Livátho, eine niedrig gelegene, besonders fruchtbare Region südlich von Argostóli.

Wie überall auf den Inseln hat auch auf Kefalliniá das Erdbeben von 1953 schwere Schäden angerichtet. Städte und Dörfer entstanden in der Folgezeit weitgehend neu; nur im Norden auf der Halbinsel Érissos ist der alte Charakter Kefallinias noch deutlich erkennbar.

In der Antike trug Kefalliniá vier voneinander unabhängige Stadtstaaten. Verschwunden sind Pale auf der Halbinsel Palíki und Pronnoi beim heutigen Póros. Vom antiken Krane nahe Argostóli sind nur unbedeutende Reste erhalten, doch bei Sámi stehen noch weite Teile der antiken Stadtmauer aufrecht. Auch aus byzantinischer und venezianischer Zeit sind einige Monumente erhalten, so daß Kefalliniá neben seinen vielen Naturschönheiten auch dem historisch Interessierten etliches zu bieten vermag.

BESICHTIGUNGEN UND ORTE

Argostóli

Die erst 1757 von den Venezianern gegründete Verwaltungs-

MARCO-POLO-TIPS FÜR KEFALLINIÁ

1 Fiskárdo
Das Bilderbuchdorf der Ionischen Inseln (Seite 38)

2 Palíki-Halbinsel
Rötliche Sandstrände vor weißen Kreidefelsen (Seite 45)

3 Höhle Melissáni
Stalagmiten und Stalaktiten vom Ruderboot aus erleben (Seite 41)

4 Kloster Ágios Gerássimos
Ein Kloster als Pilgerziel (Seite 40)

5 Mírtos
Traumstrand zwischen steilen Küsten (Seite 45)

6 Ássos
Ein kleines Küstendorf und eine mächtige Festung (Seite 38)

7 Berg Énos
Tannenwälder am höchsten Berg der Ionischen Inseln und ein grandioses Panorama (Seite 38)

8 Alt-Same
Antike Mauern und eine byzantinische Kirche in der Bergeinsamkeit (Seite 42)

9 Kirche Ágios Spiridónis in Argostóli
Neue Wandmalereien im traditionellen byzantinischen Stil (Seite 37)

10 Ouzerí-Restaurant Thalassomilos bei Argostóli
Ideenreiches Lokal mit frischem Fisch zwischen Kiefernwald und Meer in historischen Gebäuden (Seite 44)

Meerwassermühlen von Argostóli

Normalerweise fließt das Wasser vom Land ins Meer, nicht umgekehrt. Bei Argostóli war das bis zum schweren Erdbeben von 1953, das die Küste um etwa 50 Zentimeter anhob, anders. Da strömte das Ionische Meer an mehreren Stellen auf der Halbinsel Lássi landeinwärts, versickerte dort im Boden und trat mit Süßwasser vermischt erst viele Kilometer weiter in der Höhle von Melissáni und bei Karavómilos aus Quellen wieder zutage. Wo es bei Argostóli landeinwärts floß, hatte man bereits im 19. Jh. große Wasserräder montiert, die Mühlsteine antrieben. Heute sind sie wieder restauriert, gehören zu Tavernen und können besichtigt werden.

hauptstadt der Insel (8000 Ew.) liegt langgestreckt an einem Seitenarm der Bucht von Argostóli ohne Blick aufs offene Meer. Das Erdbeben von 1953 ließ nur wenige alte Gebäude stehen; insgesamt wirkt die Stadt nüchternmodern. Das rege Geschäftsleben spielt sich vorwiegend an der 2 km langen Uferpromenade ab. An ihr liegen auch der Busbahnhof und der schöne Markt mit seinen auffallend großen, gut bestückten Obst- und Gemüseständen.

✪ Schauplatz der abendlichen Volta, bei der die halbe Stadt auf- und abzuflanieren scheint, ist die tagsüber viel zu große Platía Metaxá. Mit ihren niedrigen, architektonisch gefälligen Hotels und viel Grün im Hintergrund ist sie ein lohnendes Ziel zur Zeit des Sonnenuntergangs.

Die größte Sehenswürdigkeit der Stadt ist neben den beiden Museen die ★ Kirche Ágios Spiridónis an der Haupteinkaufsstraße, der Odos Diad. Konstantinou. Sie wurde innen in den siebziger Jahren vollständig mit Fresken im traditionellen byzantinischen Stil ausgemalt. Der untere Teil der linken Seitenwand

ist weiblichen Heiligen vorbehalten, darunter der Kaiserin Theodora, die am Ende des Bilderstreits die Ikonenverehrung wieder einführte. Entsprechend ist sie auch mit einer Ikone in der Hand dargestellt. Auf der rechten Seitenwand sind unten männliche Heilige zu sehen. In den oberen Bereichen der Kirche werden biblische Ereignisse dargestellt, z.B. die Höllenfahrt Christi, die Heilung des Paralytikers, Christi Geburt und Christi Taufe. Eine seltene Darstellung zeigt das Konzil von Nicäa im Jahre 325, bei dem auch Kaiser Konstantin anwesend ist. Der alexandrinische Priester Arian, dessen Glaubenslehre vom Konzil verdammt wurde, ist als einzige Person auf dem Bild ohne Heiligenschein dargestellt.

Das markanteste Bauwerk der Stadt ist die von den Engländern 1813 errichtete Straßenbrücke über die flache Bucht, von deren Mauern aus die Einheimischen gern angeln. In ihrer Mitte steht ein kleiner Obelisk, den die Kefallonier den Briten als Dank für die Brücke stifteten. Am gegenüberliegenden Ufer sieht man rechts an der Straße nach Sámi sogleich drei Friedhöfe. Auf dem ersten sind noch viele Grabmäler aus der Zeit der britischen Herrschaft zu sehen. *Schlüssel im 500 m entfernten Haus an der klassizistischen Kirche*

Ássos

★ Das kleine Dörfchen Ássos (70 Ew.) liegt am inneren Ende einer windgeschützten, gern von Yachten besuchten Bucht. Im Osten wird sie von terrassierten Hängen und im Westen von einer Landzunge begrenzt, die die Überreste einer ausgedehnten venezianischen Festungsanlage aus dem späten 16. Jh. trägt. Sie ist nur durch einen schmalen, felsigen Isthmus mit der Hauptinsel verbunden. Von Ássos aus verwalteten die Venezianer den Inselnorden; die Burg sollte den Bauern dieser Region bei Piratenüberfällen Schutz bieten. Von den teilweise begehbaren Burgmauern aus bieten sich großartige Ausblicke, im Innern hat üppiges Grün die letzten Gebäudereste überwuchert. Bei einem Bummel durch das Dorf sind noch deutlich die schweren Schäden des Erdbebens von 1953 zu sehen, von dem sich Ássos nicht erholte. Im Winter leben hier nur noch einige wenige alte Leute; im Sommer aber herrscht reger Badebetrieb am kurzen, kieseligen Strand. *Burg tagsüber geöffnet, Eintritt frei*

Avíthos-See

Seen, die das ganze Jahr über Wasser führen, sind auf den griechischen Inseln eine Seltenheit. So überrascht denn auch das Schilfdickicht am kleinen Avíthos-See, hinter dem Ölbäume und Zypressen wachsen. Er wird aus mehreren starken Quellen gespeist und bewässert das ganze Tal bis hinunter nach Póros. *An der Straße von Sámi nach Póros, 1 km vor Ágios Nikólaos (Abzweigung beschildert)*

Drongaráti-Höhle

Die 44 m tiefe Tropfsteinhöhle ist effektvoll ausgeleuchtet. Der griechische Komponist Míkis Theodorákis hat hier einmal ein Konzert dirigiert – man kann sich vorstellen, wie stimmungsvoll es war. *An der Straße von Argostóli nach Sámi, tgl. bis Einbruch der Dunkelheit geöffnet, Eintritt frei*

Énos

★ In die Gipfelregion des höchsten Berges der Ionischen Inseln kann man auf einem guten Forstweg mit dem Auto hinauffahren. Bis auf den mit 1628 m höchsten Punkt kann man dann bequem in wenigen Minuten zu Fuß gehen. Auf einem der Gipfel wacht das Sommerhalbjahr über ein Forstmann darüber, daß der dichte Bestand an dunklen Kefaliniá-Tannen nicht in Brand gerät. *Abzweigung auf den Énos von der Straße Argostóli-Sámi aus beschildert*

Fiskárdo

★ Das schönste Dorf der Insel mit seiner geschwungenen Uferlinie an einer kleinen Bucht gegenüber von Itháki ist vom Erdbeben 1953 kaum betroffen worden. Die alten, gut gepflegten Häuser am Kai geben die ideale Kulisse für das rege Treiben an der kurzen Uferpromenade ab, elegante Yachten und kleine Fährschiffe beleben den Hafen. Benannt ist der kleine Ort nach dem Normannenfürsten Robert Guiscard, der hier auf einem sei-

Im Hafen von Fiskardo

ner Raubzüge gegen das Byzantinische Reich 1085 starb. Ihm zu Ehren wurde eine normannische Kirche auf der Halbinsel nördlich der Hafenbucht errichtet, deren Ruinen in dieser Umgebung noch immer fremdartig anmuten. Zum Baden eignen sich die flachen Felsschollen am Rand dieser Halbinsel und zwei kleine, 10 Gehminuten entfernte Kiesstrände zu beiden Seiten des Ortes. Dort bieten bis an den Strand reichende Olivenhaine wohltuende Schatten.

Karavómilos

Zwischen dem erst nach 1953 neu angelegten Dorf und dem Meer hat sich ein kleiner See gebildet. Aus den Quellen auf seinem Grund fließt mit Süßwasser vermischtes Meerwasser, das auf der Halbinsel Lássi im Boden versickert ist. Auf seinem extrem kurzen Weg in die Bucht von Sámi trieb der Abfluß des Sees das inzwischen restaurierte Wasserrad einer ehemaligen Getreidemühle an. *An der Straße von Agía Evfímia nach Sámi*

Kástro

Über die Ebene des Livátho ragt ein 320 m hoher Bergrücken auf, der bis 1757 die Inselhauptstadt Ágios Geórgios trug. Geblieben ist von ihr die Burganlage der Venezianer, das *Kástro*, mit einem Mauerumfang von etwa 600 m. *An der Straße von Argostóli nach Skála, tgl. a. Mo 8.30–15 Uhr*

Kloster Ágios Andréas

Der venezianischen Burg Ágios Geórgios gegenüber liegt in der

Ebene eins der interessantesten Inselklöster. In seiner Hauptkirche wird als Reliquie ein Teil des rechten Fußes des Apostels Andreas verehrt. Bedeutender freilich sind die Ikonen und Fresken in der alten Klosterkirche. Der Bau stammt aus der Zeit um 1600, die ältesten Wandmalereien lassen sich ins 13. Jh. datieren. *Südlich der Straße von Argostóli nach Skála, tgl. a. So 9–13.30 und 17 bis 20.30 Uhr, Eintritt 200 Drs.*

Kloster Ágios Gerássimos

★ Das meistbesuchte Kloster der Insel steht am Rande der 400 m über dem Meer von Bergen umschlossenen Omalon-Ebene. In diesem Landstrich wird der berühmte Robóla-Wein angebaut und in der Kellerei der Winzergenossenschaft nahe dem Kloster gekeltert.

Ein äußerst monumentaler und verschwenderisch mit Marmor ausgestatteter Kirchenneubau prägt heute zusammen mit einer kilometerlangen, schnurgeraden Allee als Zufahrt den ersten Eindruck vom Kloster. Sympathischer und bescheidener wirkt allerdings die alte Klosterkirche, vor der noch eine vom Heiligen selbst im 16. Jh. gepflanzte Platane steht. Eins der Fresken im Innern zeigt das Sterbebett des Heiligen, dessen als in Windeln gewickeltes Kleinkind dargestellte Seele Christus bereits zu sich genommen hat. Die Gebeine des Heiligen ruhen in einem Sarg und können von den Pilgern durch zwei kleine Öffnungen geküßt werden. Zu bestimmten Zeiten liest ein Priester dazu Gebete, die ihm die Gläubigen zuvor auf ein Zettelchen geschrieben haben. Eine Klappe im Kirchenboden führt über eine steile Leiter in eine Höhle hinunter, in der der Inselheilige eine Zeit lang lebte. *Zufahrt von der Straße Argostóli-Sámi aus beschildert*

Kloster Kipuréon

100 m über der einsamen, weithin unzugänglichen Westküste der Halbinsel Palíki leben noch einige Mönche im Kloster Kipuréon.

Die Klosterkirche birgt schöne Ikonen, darunter auch eine, die die drei wichtigsten Inselheiligen der Ionischen Inseln zeigt. Das Kloster Kipuréon wurde 1759 vom nahen Kloster Tafíu aus gegründet, dessen Ruinen von der Straße aus zu sehen sind. *Zufahrt über eine gute Piste*

Lássi-Halbinsel

Die hügelige Halbinsel, auf der auch die Inselhauptstadt Argostóli liegt, kann man als Besucher auch gut zu Fuß umrunden. Auf dem Weg von Argostóli zur Landspitze stehen am Ufer die restaurierten Schöpfräder zweier Meerwassermühlen. Das erste findet sich auf dem Areal des Restaurants Thalassómilos, das zweite auf dem des Restaurants O Mílos Katovóthres.

An der Landspitze erbauten die Briten 1820 ein kleines Rundtempelchen im dorischen Stil, das als Leuchtfeuer für die Hafeneinfahrt diente. Nach dem Erdbeben von 1953 wurde es vereinfacht wieder aufgebaut.

Etwas weiter zweigt von der Küstenstraße ein ausgeschilderter, etwa 700 m langer Feldweg zum Monumento Caduti ab. Das italienische Gefallenendenkmal erinnert an 9470 italienische Soldaten, die sich nach der Kapitulation Italiens im September 1943 nicht den deutschen Truppen ergeben wollten und deshalb von ihnen erschossen wurden.

Lixúri

Der 1534 gegründete Hauptort der Halbinsel Palíki (3500 Ew.) strahlt noch etwas von der Anmut und Vornehmheit aus, die viele Städte auf den Ionischen Inseln durch das Erdbeben von 1953 verloren. Das Marktzentrum breitet sich rund um den Busbahnhof herum aus; sozialer Mittelpunkt ist die große Platía unmittelbar an der Uferstraße. Eine der Villen im oberen Teil der Stadt dient heute als Museum und Bibliothek. In den Räumen wurden die vor über 100 Jahren phantasievoll bemalten Decken teilweise restauriert; ausgestellt werden neben Möbeln aus jener Zeit auch einige Ikonen. *Häufige Fährverbindung zwischen Argostóli und Lixúri rund um die Uhr. Museum in der Jakova-tíos-Stegásete-Bibliothek Mo—Fr 8—13.30 Uhr; Mo, Di und Do auch 17.30—19.30 Uhr; Sa 9.30 bis 12.30 Uhr*

Lurdáta

In dem wasserreichen, inmitten üppigen Grüns gelegenen Dorf (140 Ew.) birgt die Kirche Agía Paraskeví Wandmalereien aus dem 14. Jh.; an der Platía steht unterhalb der Brücke noch ein historisches Waschhaus.

Melissáni-Höhle

★ Der Besuch dieser Tropfsteinhöhle ist ein besonderes Erlebnis, da sie zu einem guten Teil von einem kleinen See ausgefüllt wird, den man auf einem Ruderboot befährt. Das Tageslicht findet durch eine von grünen Bäumen gerahmte Öffnung Einlaß und taucht das glasklare Wasser des Sees in schimmernde Blau-, Grün- und Türkistöne. Im hinteren Teil der Höhle umspült das Wasser ein kleines Inselchen, auf dem sich in der Antike ein Heiligtum für den Hirtengott

Bootsfahrt in der Tropfsteinhöhle: Melissáni

Pan befand. Was Archäologen hier fanden, ist im Archäologischen Museum von Argostóli ausgestellt. *Tgl. 8.30–15 Uhr, Eintritt 200 Drs.*

Metaxáta

Wie die meisten Dörfer in der Livátho-Ebene wirkt das nach dem Erdbeben von 1953 fast völlig neu erbaute Metaxáta mit seinen Villen und Gärten ansprechend und wohlhabend. Lord Byron hielt sich hier 1922/23 vier Monate lang auf, während er auf Geld und Waffen für die Unterstützung des griechischen Freiheitskampfes gegen die Türken wartete.

Außerhalb des Dorfes wurden zahlreiche Schacht- und Kammergräber aus spätmykenischer Zeit freigelegt. *Ausgrabungen lückenhaft eingezäunt. Zufahrt: Man biegt von der Straße zwischen Peratáta und Metaxáta sogleich hinter der beschilderten Abzweigung zum Kloster Ágios Andréas nach rechts in einen unbeschilderten Feldweg ein und erreicht nach 250 m die Umzäunung der Ausgrabungen*

Póros

Der kleine Hafenort (500 Ew.) entwickelt sich langsam zu einem Touristenzentrum, in dem es aber immer noch ruhig und beschaulich zugeht. 500 m über dem Dorf und 6 Wanderkilometer von ihm entfernt steht das älteste Kloster der Insel, Moní tis Panagías tis Atrú. Es wurde bereits 1264 erstmals schriftlich erwähnt. Hinter dem modernen Bau, in dem die Mönche heute leben, erheben sich die alten Klosterbauten und -kapellen in grandioser Bergeinsamkeit mit nicht minder großartigem Blick auf die Küste und hinüber zum Peloponnes. *Zufahrt über einen sehr schlechten Feldweg: 1,4 km vom Ufer entfernt zweigt nach einer Schlucht ein Feldweg von der Straße Póros-Argostóli ab*

Sámi

Sámi (950 Ew.) erstreckt sich zu Füßen eines Berges, an dem noch deutlich die antiken Stadtmauern zu erkennen sind. Im Ort selbst sind ein römisches Kammergrab und die noch 5 m hohen Ziegelsteinmauern einer römischen Therme erhalten.

Um zu den Überresten der antiken ★ *Stadt Alt-Same* zu gelangen, folgt man am nordöstlichen Ortsende dem ausgeschilderten Feldweg zum Kloster Moní Agrílion, dessen Gebäude nach dem Erdbeben von 1953 neu errichtet wurden. Wo sich der Weg zum zweiten Mal gabelt und wieder ein Wegweiser nach links zum Kloster führt, geht es rechts weiter. Die Stadtmauer, die sich den Hügel entlangzieht, ist gut zu erkennen. An der Kástro genannten Stelle reicht sie nahe einer weißen Kapelle fast bis an den Feldweg heran. Unmittelbar daneben stehen die Ruinen einer mittelalterlichen Klosterkirche und eines antiken Wachturms. Seine Mauern aus sorgfältig behauenen Quadern sind noch bis zu 5 m Höhe erhalten. Drei Gehminuten von hier entfernt liegen im Wald unterhalb der weißen Kapelle versteckt die Ruinen der mittelalterlichen Kirche Ágios Nikólaos. Um die kostbaren Fresken in der Apsis zu erhalten, hat man sie mit einem Schutzdach überdeckt. Ein kilometerlanger, aber schmaler Sandstrand erstreckt sich von Sámi bis fast nach Karavómilos. *Kirche Ágios Nikólaos ständig frei zugänglich*

Skála

Am Südrand des kleinen, überwiegend von Engländern aufgesuchten Badeortes mit langem Sandstrand stehen unter einem Schutzdach die gut erhaltenen Grundmauern einer römischen Villa. In ihr sind zwei Bodenmosaike erhalten. Das eine zeigt die Opferung von drei Tieren, das andere einen die Neidsucht symbolisierenden Jüngling.

In Richtung Póros liegen zahlreiche weitere Sand-Kiesstrände ohne touristische Einrichtungen. Zwischen der Piste und dem Meer sind neben der weißen Kapelle Ágios Geórgios geringfügige Reste eines antiken Tempels aus dem 6. Jh. v. Chr. erhalten. *Römische Villa nur gelegentlich geöffnet*

MUSEEN

Archäologisches Museum

Gezeigt werden Funde vom Werkzeug aus der Steinzeit bis hin zu byzantinischen Münzen. Im letzten Saal sind in einer Vitrine Objekte aus dem Pan-Heiligtum in der Höhle von Melissáni zu sehen. Ein Tonrelief zeigt sechs sich an den Händen haltende Mädchen, die um den Flöte spielenden, gehörnten Hirtengott Pan herum tanzen. *Di–So 8.30–15 Uhr, Eintritt 400 Drs., Argostóli, Odos Roku Vergoti*

Korgialenios-Bibliothek

Die Bibliothek ist die Stiftung eines 1920 verstorbenen reichen Kefaliniers; das Gebäude wurde nach dem Erdbeben 1953 originalgetreu wiedererrichtet. Im Untergeschoß sind zahlreiche

Ikonen, Objekte der Volkskunst, Trachten, Möbel, land- und hauswirtschaftliche Geräte sowie historische Fotos ausgestellt. *Mo–Sa 9–14 Uhr, Eintritt 200 Drs., Argostóli, Odos Ilia Zervu*

RESTAURANTS

Faros

Große Taverne an und auf der Uferpromenade am Yacht- und Fischerhafen. Gute Auswahl auch an gekochten Gerichten. Im Frühsommer nisten Schwalben im Gastraum. *Fiskárdo, Kategorie 3*

Maria

❂ In dieser einfachen Taverne betreuen die älteren Wirtsleute Nikos und Maria ihre Gäste noch so herzlich, wie es früher überall üblich war. Auch die Küche macht keinen modischen Schnickschnack mit. Der Wein kommt selbstverständlich vom Faß und stammt aus der Umgebung. *Lixúri, Odos Kosti Palma (eine Gasse, die vom Wasser aus gesehen links von der Platía von der Uferstraße aus abzweigt), Kategorie 3*

Nicolas Garden Taverna

Gartentaverne, wo man unter Weinranken, Orangen- und Feigenbäumen sitzt. Der Wirt tanzt gern mit und für seine Gäste. Von der Uferpromenade am Hafen von Fiskárdo aus liegt das Lokal nur ca. 15 m entfernt (ausgeschildert). *Fiskárdo, Kategorie 2*

Saoulis

Das älteste Restaurant an der Uferstraße, 1966 gegründet, bietet eine große Auswahl, darunter ein exzellentes Stifádo. *Sámi, Kategorie 2*

Thalassómilos

★ Das beste Restaurant der Insel liegt nur 10 Gehminuten von Argostóli entfernt auf der Lássi-Halbinsel. In den geschmackvoll restaurierten Gebäuden einer Meerwassermühle, in der sich das Mühlrad noch dreht, hat der junge Wirt Panajís ein seltenes Schmuckstück griechischer Gastronomie geschaffen. Serviert wird drinnen und draußen wahlweise mit Meer- oder Waldblick; für Kinder gibt es sogar einen eigenen Speiseraum und spezielle Kinderteller. Fisch und Hummer kommen schlachtfrisch aus den Naturbecken am Ufer; *Tgl. 9—1 Uhr, Argostóli, an der Straße zu den Meerwassermühlen, Tel. 2 43 55, Kategorie 2*

The Cottage

Taverne an der Straße von der Platía nach Mákris Jalós, die auch kefallionische Spezialitäten wie z. B. Kaninchen bietet. *Argostóli, Platia Metaxa, Kategorie 2*

EINKAUFEN

Robola

Der kleine Laden hält alle Weine der einheimischen Kooperative zu günstigen Preisen vorrätig und verkauft auch gute Weine vom Faß. *Argostóli, am Busbahnhof*

HOTELS

Aenos

Älteres Hotel mit großem Dachgarten direkt an der Platía. *Argostóli, Platia Metaxa, Tel. 06 71/2 80 13, Kategorie 2*

Assos

Kleine Pension an einer landschaftlich besonders schönen Bucht der Insel. *Ássos, Tel. 06 74/5 15 32, Kategorie 3*

Castello

Neueres, kleines Hotel an der Platía. *Argostóli, Platia Metaxa, Tel. 06 71/2 32 50, Kategorie 2*

Cephalonia Star

Hotel unmittelbar am belebten Fährhafen von Argostóli. *Argostóli, Odos I. Metaxa 50, Tel. 06 71/2 31 81, Kategorie 2*

Filoxenia

Älteres Inselhaus unmittelbar am Hafen mit 3 Apartments. Jedes besteht aus zwei Zimmern mit bis zu vier Schlafgelegenheiten und Wohnküche sowie Bad und Balkon oder Terrasse. *Fiskárdo, Tel. und Telefax 06 74/5 14 87, Kategorie 2*

Fiscardona

Pension in einem restaurierten Bürgerhaus nahe am Hafen mit nur 6 Zimmern und Gemeinschaftsküche. *Fiskárdo, Tel. 06 74/5 14 84, Kategorie 3*

Hara

☆ Sehr einfaches Hotel mit nur 8 Zimmern und Etagenduschen im Stadtzentrum. *Argostóli, Leofóros Vergóti 87, Tel. 06 71/2 24 27, Kategorie 3*

Ionian Sea

Ein neueres Bungalowhotel mit 46 Betten an einem schönen Inselstrand, jedoch völlig von allen Orten isoliert 10 km südlich von Lixúri. *Halbinsel Palíki, Kunópetra, Tel. 06 71/9 22 80, Kategorie 2*

Pericles

Hotel im Hinterland von Sámi, 800 m vom Ort und 900 m vom

Strand entfernt sehr ruhig gelegen. Süßwasserpool mit Planschbecken, Tennisplatz. *Sámi, Tel. 06 74/2 28 24, Kategorie 2*

Remetzo
Privatzimmer über einer isoliert gelegenen Fischtaverne an der Bucht von Akrotíri; Strand gleich vor der Haustür. *Halbinsel Palíki, Kunópetra, Akrotíri, Tel. 06 71/9 27 66, Kategorie 3*

White Rocks
Hotel und Bungalows in einem Kiefernwäldchen direkt am Strand. *Platís Jálos, Tel. 06 71/ 2 31 67, Kategorie 1*

STRÄNDE

Makrís und Platís Jálos
Schöne, aber im Hochsommer sehr volle Sandstrände mit Tavernen, vielen Wassersportangeboten und Liegestuhlverleih auf der Argostóli abgewandten Seite der Lássi-Halbinsel. Stündlich Linienbusverbindung zum nahen Argostóli.

Mírtos
★ Der steil abfallende Kieselsteinstrand liegt tief unterhalb der Küstenstraße zwischen der Steilküste. Er ist naturbelassen und nur über einen kurvenreichen Feldweg zu erreichen. Günstige Privatzimmer werden im 3 km entfernten Dorf Anomeriá vermietet.

Palíki-Halbinsel
★ Auf der Palíki-Halbinsel gibt es viele, noch wenig besuchte Strände. Rötlicher Sand erstreckt sich vor niedriger, weißer Kliffküste entlang der gesamten Südküste der Halbinsel von Lepéda

bis Kunópetra. Im Norden der Halbinsel führen Stichstraßen hinunter zum Kieselsteinstrand von und zum kleinen Sandstrand Ágios Spiridón Beach, beide mit Tavernen.

AUSKUNFT

Griechische Zentrale für Fremdenverkehr
Mo—Fr 8.30—15 Uhr, Argostóli, an der Uferstraße nahe dem Fähranleger, Tel. 06 71/2 28 47

Touristeninformation der Gemeinde
Mo-Fr 9—14 und 17—20 Uhr, in der Hauptsaison auch Sa 10—14 Uhr, Argostóli, Odos Valianu, Tel. 06 71/ 2 22 00

FÄHRVERBINDUNGEN

Zwischen Argostóli und Lixúri täglich etwa stündlich.

Ganzjährig täglich von Sámi nach Pátras/Peloponnes, Pisoaetos/Itháki, Vathí/Itháki; und von Fiskardo nach Vassilikí/Léfkas. Ebenso ganzjährig zwischen Agía Efvímia und Vathí/Itháki sowie Ástakos/Festland und zwischen Póros und Killíni/Peloponnes. Von Mai bis Oktober zweimal täglich zwischen Pessáda und Skinári/Zákinthos (in den übrigen Monaten kein Fährverkehr auf dieser Strecke); im Hochsommer täglich, sonst zweimal wöchentlich zwischen Fiskárdo und Fríkes/Itháki sowie Nidrí/Léfkas.

Im Sommer außerdem mehrmals wöchentlich Fährverbindungen zwischen Argostóli und Killíni/Peloponnes sowie zwischen Sámi und Igumenítsa/Festland, Páxi und Korfu.

Uralte Olivenwälder und 130 Weiler

Auch kaiserliche Hoheiten wußten die Schönheit der Insel zu schätzen

Landeanflug auf Korfu. Unter den Tragflächen breitet sich ein grüner Teppich aus, der sich später als jahrhundertealter Wald mit drei Millionen knorriger Olivenbäume entpuppt. Vereinzelt ragen daraus wie Nadeln schlanke Zypressen auf. Wie Halt in diesem grünen Ozean suchend, drängen sich die Häuser in den kleinen Dörfern an den Hängen dicht aneinander. An der Westküste werden zunächst Steilufer und lange Sandstrände sichtbar, am Ostufer breiten sich Häuser und Hotels in endloser Kette entlang weiter Buchten aus. Dann schwebt die Maschine dicht über die Häuser einer großen Stadt zum Endanflug ein und setzt sicher auf der Landebahn auf, die in eine Lagune hineingebaut wurde: Eine geeignete Ebene für einen Flughafen gibt es in der Topographie der Insel sonst nicht.

Schön ist Korfu überall. Aber nicht überall ist Korfu gleich. So findet man an der Nordküste viele Kilometer lange Sandstrände

vor nur sanft hügeligem Hinterland. An der Westküste verteilen sich die exzellenten Sandstrände auf viele Buchten, die immer wieder von Steilküsten unterbrochen werden. Im Südwesten haben sich in der Nähe des Korission-Sees sogar Dünen gebildet. Dort aber, wo die meisten Hotels der Insel stehen, sind die Strände schmal und zumeist kieselig bis steinig: an der Ostküste. Dafür findet man hier lebhafte Urlaubsorte und kann den Blick auf die Berge des gegenüberliegenden Festlands genießen.

Die Stadt Korfu ist ein Erlebnis für sich, daß man sich mehrmals zu unterschiedlichen Tageszeiten gönnen sollte. Jedes Bild von der Insel muß aber unvollständig bleiben, wenn man nicht auch einmal abends in eins der stillen Bergdörfer gefahren und sich dort unters Volk gemischt hat. Dort spürt man dann auch, daß die Insel nicht allein vom Tourismus lebt – die Olivenwälder sind ihr großer Schatz. Sie sichern den Korfioten eine Lebensgrundlage unabhängig von den Unwägbarkeiten touristischer Launen. (A2–B3)

Das Achíllion gehörte einst Kaiserin Elisabeth von Österreich

KORFU-STADT

Wer Korfus Inselhauptstadt mit dem Schiff ansteuert oder auch nur einen Blick auf den Stadtplan wirft, erkennt deutlich die beiden markanten Eckpfeiler der Stadt – die Alte und die Neue Festung. Sie gaben Venezianern und Griechen jahrhundertelang Sicherheit vor türkischer Eroberung. Von der Alten Festung aus, die sich auf einer ins Meer vorspringenden Halbinsel erhebt, zog sich die Stadtmauer an der Esplanade entlang gen Süden und knickte dann in Richtung Neue Festung ab. So ergab sich für die mittelalterlich-veneziani-

sche Stadt die Form eines fast gleichschenkligen Dreiecks.

★ Innerhalb dieser heute nur noch stellenweise zu erkennenden Mauern ist das alte Stadtbild weitgehend erhalten. Im Wohnviertel Cambiello säumen vier- und fünfgeschoßige Mietshäuser das verwirrende Labyrinth enger Gassen. Da zu den meisten Wohnungen weder Balkons noch Innenhöfe gehören, hängt die Wäsche zum Trocknen über den Gassen aus. Katzen und Hunde streunen herum, unter dem abbröckelnden Putz werden immer wieder ausgebesserte Mauern sichtbar. Hier liegt ein alter Torbogen frei, dort schmük-

MARCO-POLO-TIPS FÜR KORFU

1 Altstadt von Korfu
Eine stimmungsvolle Mischung italienischer, griechischer und anderer Einflüsse (Seite 48)

2 Achíllion
Das über 100 Jahre alte Schloß einer österreichischen Kaiserin und eines deutschen Kaisers (Seite 64)

3 Mäuseinsel Pondikoníssi
Korfus meistfotografiertes Motiv (Seite 65)

4 Sidári
Sandige Buchten zwischen weißen Felsen und ein Kanal der Liebe (Seite 61)

5 Paleokastrítsa
Zahllose Buchten, grüne Berge und ein weißes Kloster (Seite 59)

6 Angelókastro
Burgruine in wilder Landschaft (Seite 57)

7 Restaurant Búkari
Korfus beste Fischtaverne im gleichnamigen Küstenort im Süden der Insel (Seite 66)

8 Hotel Saint George's Bay Country Club
Eine vorbildliche Hotelanlage, die sich hervorragend in die Umgebung einpaßt (Seite 63)

9 Páxi-Inseln
Schöne Dörfer und Grotten, in die der Ausflugsdampfer paßt (Seite 68)

10 Insel Eríkussa
Sehen und selbst erfahren, wie man in der Einsamkeit lebt (Seite 67)

ken Reliefs und kleine Skulpturen die Häuser, überall gibt es interessante historische Details zu entdecken. Am schönsten ist ein Bummel durch dieses Viertel am frühen Sonntagmorgen, wenn die Kirchenglocken läuten und gleich darauf aus den Gotteshäusern die frommen Gesänge erklingen. Mit Kirchen ist die ganze Altstadt von Korfu gespickt, denn früher besaß jede wohlhabende Familie ihre eigene. Im Süden und Südosten schließt sich ans Cambiello-Viertel das Geschäftsviertel der Altstadt an. Unter schattigen Arkaden säumen ganze Reihen von Läden breite, marmorgepflasterte Gassen, die sich mehrfach zu kleinen Plätzen öffnen. Die zentrale Achse dieses Gebiets ist die Odos Nikiforos Theotoki. Sie führt von der Esplanade bis hinunter zum Alten Hafen.

Esplanade und Alter Hafen sind die beiden großen Freiflächen der Altstadt, an denen sich die Cafés der Stadt konzentrieren. Während die Esplanade sich aristokratisch gepflegt gibt, herrscht am Alten Hafen viel Verkehr, denn hier laufen rund um die Uhr die Fähren vom Festlandshafen Igumenitsa ein.

Die Neustadt von Korfu außerhalb der alten Stadtmauern ist klar gegliedert. Aus der Altstadt führt die breite Einkaufsstraße Georgios Theotoki hinaus zum zentralen Platz Saroco (San Rocco; offiziell Platía Georgiou Theotoki). Von ihm aus strahlen weitere Straßen zum Neuen Hafen und in die Randgebiete aus. Lohnend ist ein Bummel über die breite Allee Alexandras mit ihren Straßencafés bis hinunter ans Meer. Wo sie auf die Küste

stößt, lag in der Antike der Friedhof der Stadt, die sich von hier gen Süden bis nach Kanóni ausbreitete. (B 2)

BESICHTIGUNGEN

Ágios Jáson ke Sossípatros-Kirche

Die 1000 Jahre alte Kreuzkuppelkirche ist das schönste Beispiel für byzantinische Architektur auf den Ionischen Inseln. Der untere Teil des Mauerwerks wurde aus antiken, regelmäßig behauenen Tuffsteinen errichtet; weiter oben werden die Quader durch Ziegelsteindekorationen getrennt. An der Ostwand sind sie besonders eindrucksvoll.

Im Kircheninnern gibt es einige schöne Ikonen. Als besonders wertvoll gelten die des kretischen Malers Emanuel Tzanes aus der Mitte des 17. Jhs. Es sind die Darstellung der Heiligen Jason und Sossipatros, der thronenden Gottesmutter mit dem Jesuskind und des Christus als Weltenherrscher. *Tagsüber geöffnet, Eintritt frei, Stadtteil Anemómilos, Stadtbus nach Kanóni, Haltestelle Jason ke Sossipatros*

Ágios Spirídonos-Kirche

✪ Die mit wertvollen Weihegaben von Gläubigen überhäufte Kirche des Schutzheiligen der Insel steht mitten in der Altstadt. Ihr kostbarster Besitz sind die Gebeine des hl. Spiridon, eines zypriotischen Märtyrers aus der Zeit um 300. Die Reliquie gelangte im Jahre 1456 nach Korfu, wo der Heilige im Laufe der Jahrhunderte zahlreiche Wunder bewirkt haben soll. Er errettete die Korfioten aus einer Hungersnot, vor der Pest und sogar vor den Türken.

Das Kircheninnere wurde im 18. und 19. Jh. ganz im Stil der Ionischen Malschule ausgeschmückt. Die Ikonostase ist aus dem schon in der Antike sehr geschätzten Marmor von der ägäischen Insel Páros gearbeitet. In der rechten Seitenkapelle hinter der Ikonostase steht der mit getriebenem Silber verkleidete Ebenholz-Sarkophag des hl. Spiridon. Täglich um 18 Uhr wird eine Klappe geöffnet, durch die die Gläubigen seine Füße küssen können. Über dem Sarkophag hängen von Gläubigen gestiftete silberne Ampeln. Einige von ihnen sind deutlich als Weihegaben von Seeleuten oder Reedern zu erkennen. An ihnen hängen silberne Schiffsmodelle oder Votivtäfelchen mit Schiffsreliefs. *Tagsüber geöffnet, Odos Spiridonos*

Alte Festung

🔽 Eine felsige Halbinsel mit zwei etwa 60 m hohen Berggipfeln im Osten der Altstadt war Byzantinern und Venezianern der ideale Ort für die Anlage einer mächtigen Festung. Zur Landseite hin war sie durch einen tiefen Wassergraben, die Contrafossa, geschützt, in der heute kleine Boote einen sicheren Hafen finden. Die Gebäude in der Festung stammen alle aus der britischen Zeit. Die Engländer erbauten auch die heute außer in der Karwoche und zu Ostern ständig geschlossene St. Georgskirche mit der einen dorischen Tempel nachahmenden Fassade.

Vom vorderen Gipfel der Halbinsel aus hat man einen einzigartigen Blick über die Stadt und Teile der Insel. Auf dem Gelände der Alten Festung finden

in einem improvisierten Freilichttheater abends Folklorevorführungen statt, an die sich eine Ton-und-Licht-Show anschließt. *Tgl. 8–19 Uhr, Eintritt 200 Drs., Zugang von der Esplanade aus*

Artemis-Tempel

Die Überreste des bedeutendsten Tempels des antiken Kerkira sind mehr als spärlich. Sie liegen unmittelbar vor den Mauern des Theodorenklosters.

Die ersten Ausgrabungen nahm der deutsche Altertumsforscher Wilhelm Dörpfeld unter reger Anteilnahme Kaiser Wilhelm II. noch vor dem Ersten Weltkrieg vor; jetzt graben dort griechische Archäologen. Die Funde zeigen, daß der um 590 v. Chr. entstandene Bau etwa 48 m lang und 22 m breit war und daß die Ringhalle des Tempels von 48 über 6 m hohen Säulen gebildet wurde.

Geht man an den Tempelruinen vorbei noch etwa 100 m weiter, gelangt man zu einem kleinen Überrest der antiken Stadtmauer. *Stadtbus nach Kanóni, Haltestelle Paleópolis. Frei zugänglich; Zugang von der Basilika von Paleópolis aus über die Odos Derpfeld, bei der ersten Gabelung über die Asphaltstraße nach links weitergehen*

Basilika von Paleópolis

Gegen Ende des 5. Jhs. erbauten die frühen Christen Korfus über den noch erkennbaren Resten eines römischen Odeons eine große, fünfschiffige Basilika, von der sich im Boden Spuren erhielten. Die noch immer eindrucksvollen, unter Verwendung antiker Bauteile errichteten Mauern stammen von einer gotischen Kirche aus venezianischer Zeit.

Frei einsehbar, gegenüber vom Eingang zum Schlößchen Mon Repos, Stadtbus nach Kanoni, Haltestelle Paleópolis

Britischer Friedhof

Der wie ein verwunschener Park wirkende Friedhof ist mit seinen kolonialen Grabdenkmälern nicht nur ein äußerst romantischer Platz, sondern im Frühjahr und Herbst wegen der vielen hier wild wachsenden Orchideen auch eine besondere Attraktion für Blumenfreunde. *Tgl. von Sonnenauf bis untergang, Odos Kolokotroni 25*

Esplanade

Im 16. Jh. reichten die Häuser der Stadt Korfu noch unmittelbar bis an die Alte Festung heran. Im 17. Jh. schuf sich das Militär durch Abriß vieler Kirchen und Häuser dann aber vor den Landmauern der Burg einen breiten Freiraum, um Feinden den Angriff zu erschweren. Später diente diese Grünfläche dann als Exerzierplatz; heute bildet sie den bedeutendsten Platz der Inselhauptstadt. Auf dem Rasen wird Cricket gespielt, in den Parkanlagen steigt eine Fontäne auf. In ihnen stehen auch zahlreiche Denkmäler. Darunter ist eins zur Erinnerung an die Vereinigung der Ionischen Inseln mit dem freien Griechenland im Jahre 1864. Es zeigt sieben Bronzereliefs mit Symbolen der sieben Hauptinseln. Für Korfu ist es das Schiff der Phäaken, für Kíthira die Göttin Aphrodite, für Páxi ein Dreizack.

Die Westseite der Esplanade wird von hohen Wohnhäusern aus dem frühen 19. Jh. gesäumt, unter deren Arkaden man in guten, aber auch sehr teuren Cafés

Korfu-Stadt, die Alte Festung

sitzen kann. Sie sind Hauptschauplatz der allabendlichen Volta der Einheimischen.

Gebäude der Lesegesellschaft

Das Haus aus dem 17. Jh. beherbergt die erste literarische Gesellschaft des modernen Griechenlands, die 1836 gegründet wurde. Freitreppe und Arkaden wurden im 19. Jh. hinzugefügt. Die Bibliothek mit über 40000 wertvollen Bänden wird noch heute genutzt. *Zutritt nur für Mitglieder, Odos Kapodístriu 120*

Kloster Agii Theodóri

Das Nonnenkloster neben den Ruinen des antiken Artemis-Tempels ist mit seinem auffallend großen und stimmungsvollen Innenhof ein Hort der Stille. In die Klosterkirche wurden Überreste einer frühchristlichen Basilika einbezogen. Eine der Nonnen, die zahlreiche Fremdsprachen spricht, führt Besucher durch die Kirche; das übrige Kloster kann nicht besichtigt werden. *Tgl. 9—13 und 17—19.30 Uhr. In dieser Zeit kann man klingeln, falls das Tor verschlossen ist. Stadtbus nach Kanóni, Haltestelle Paleópolis*

Kremasti-Brunnen

Der Brunnen wurde der Stadt »zum Wohl der Allgemeinheit« (so eine griechische und lateinische Inschrift) von einem Privatmann 1669 gestiftete und steht auf dem schönsten Platz des Altstadtviertels Cambiello. An der Außenwand der gegenüberliegenden, noch immer in Privatbesitz befindlichen Kirche ist rechts des Eingangs ein Fresko mit einer Kreuzigungsszene zu erkennen. *Platía Lisi Desilla abseits der Gasse Agias Theodoras*

Menekrates-Cenotaph

Der kreisrunde Bau aus dem frühen 6. Jh. v. Chr., der einst von der heute im Archäologischen Museum ausgestellten Löwenskulptur gekrönt wurde, war kein Grab, sondern nur ein Denkmal für einen korfiotischen Konsul, der in der Nähe von Delfi auf dem griechischen Festland starb und wohl auch beigesetzt war. *Frei zugänglich, Odos Kipru 1, Stadtbus nach Kanóni, Haltestelle Leoforos Alexandras*

Mon Repos-Schlößchen

Das in einem der Öffentlichkeit nicht zugänglichen Park gelegene klassizistische Schlößchen gehört der heute im Exil lebenden griechischen Königsfamilie. Im Jahre 1921 wurde hier Prinz Philipp, der Gemahl der englischen Königin, geboren. *Odos Oikismós Figarétto, Stadtbus nach Kanóni, Haltestelle Paleópolis*

Neue Festung

Die sogenannte Neue Festung ist ein Bauwerk der Venezianer aus dem 16. Jh. Da sie noch immer militärischen Zwecken dient, kann sie nicht betreten werden. Schön ist das Hafentor mit dem Relief des Markuslöwen. *Am Fährhafen*

Palast St. Michael und St. George

Am nördlichen Rand der Esplanade steht das größte Gebäude der Stadt. Die Engländer ließen den Palast 1819 — 23 für den Lordhochkommissar der Inseln im klassizistischen Stil erbauen. Als Material diente Sandstein von einer anderen Mittelmeerinsel, die sich die Briten kurz zuvor einverleibt hatten: aus Malta. Für Offiziere, die sich auf Malta

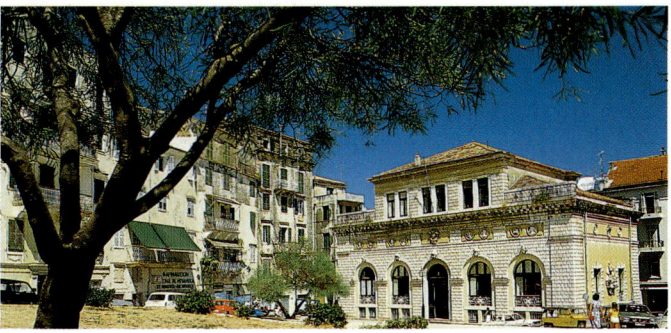

Das Rathaus von Korfu

und den Ionischen Inseln verdient machten, hatten sie kurz zuvor den Orden des hl. George und des hl. Michael gegründet, der ebenfalls in diesem Palast seinen Sitz hatte. Nach dem Abzug der Briten von der Insel diente er dann der griechischen Königsfamilie als Residenz. Heute ist in ihm das Museum für Asiatische Kunst untergebracht. *Esplanade*

Panagía Spiliótissa-Kirche
Die Bischofskirche von Korfu wurde 1527 geweiht; ihre Westfassade stammt jedoch erst aus dem 18. Jh. Neben zahlreichen schönen Ikonen beherbergt sie als Reliquie die Gebeine der hl. Theodora – also derjenigen byzantinischen Kaiserin, die im Jahre 843 den Ikonoklasmos beendete und die Verehrung von Ikonen wieder zuließ. Ihre Ikone liegt denn auch beim Eintreten gleich rechts auf einer Ikonostasis: dargestellt ist sie wie üblich mit einer Ikone in der Hand.

Rathaus
Das Erdgeschoß des schönen Gebäudes entstand im späteren 17. Jh. als Loggia, eine Art Clubhaus für den venezianischen Adel der Stadt und deren hohe Beamte. 1720 wurde es zu einem Theater umgebaut, 1903 dann zum Rathaus. *Keine Innenbesichtigung möglich, Platia Dimarchiu*

Schulenburg-Denkmal
Am Übergang von der Esplanade zur Alten Festung steht ein barockes Denkmal, das an den Grafen Johann Matthias von der Schulenburg erinnnert. Der aus Sachsen stammende Berufssoldat im Dienste Venedigs verteidigte 1716 Korfu erfolgreich gegen die Türken und wurde durch Errichtung dieses Denkmals noch zu seinen Lebzeiten geehrt. Ursprünglich stand es auf dem Gelände der Alten Festung; seinen heutigen Platz nimmt es erst seit 1959 ein. *Esplanade*

MUSEEN

Archäologisches Museum
Im Museum werden überwiegend Funde aus der antiken Stadt Kerkira gezeigt. Die wertvollsten Objekte sind die Überreste zweier Tempelgiebel. Der archaische Gorgo-Giebel aus der Zeit um 590 v. Chr. hatte noch deutlich die Funktion, Unheil vom

Tempel fernzuhalten. Er zeigt frontal die kniende Gorgone Medusa mit ihrer schrecklichen Fratze, deren Anblick jeden Feind sofort zu Stein erstarren ließ. Der spätarchaische Figarétto-Giebel aus der Zeit um 510 v. Chr. zeigt die Figuren im Profil und erzählt aus der griechischen Mythologie. Zu sehen sind der Gott des Weins, Dionysos, und sein nackt hinter ihm liegender Sohn Oinopion, ein Löwe, das Fragment eines Hundes und ein großer Weinkrater. In der nicht erhaltenen anderen Hälfte des Giebels war wahrscheinlich der trinkende Gott Hephaistos zu sehen, den Dionysos trunken machte, um ihn gegen seinen Willen auf den Götterberg Olymp entführen zu können. Aus der früharchaischen Zeit um 630 v. Chr. stammt schließlich die Plastik eines liegenden Löwen, der einst den Cenotaph des Menekrates krönte. Er zeigt deutlich die Loslösung der griechischen Kunst von der starren, stilisierten Darstellungsweise ihrer orientalischen Vorbilder. *Di bis So 8.30 − 15 Uhr, Eintritt 400 Drs., Odos Wraila 5*

Banknoten-Museum

Das kleine Privatmuseum im Gebäude der Ionian Bank aus dem Jahre 1845 präsentiert Banknoten aus verschiedenen Zeiten und Ländern und erklärt auch ihre Herstellung. *Mo−Sa 9−13 Uhr, So 10−12 Uhr, Odos N. Theotoki*

Byzantinisches Museum

Das Ikonenmuseum in der ehemaligen Kirche Panagía Antivuniótissa aus dem 15. Jh. zeigt etwa 100 Ikonen und Freskenreste aus alten korfiotischen Kirchen sowie Marmorfragmente und Teile von Bodenmosaiken aus frühchristlichen Basiliken. *Di bis So 8.45−15 Uhr, Eintritt 200 Drs., Odos Arseniu*

Museum der asiatischen Kunst

Daß auf Korfu mehrere tausend hervorragende Objekte asiatischer Kunst aus mehr als drei Jahrtausenden gezeigt werden können, ist vier kunstliebenden griechischen Diplomaten zu verdanken. Sie trugen sie teilweise in den Ländern zwischen Indien, China und Japan selbst zusammen, ersteigerten sie größtenteils jedoch in Europa. *Di-So 8.30−15 Uhr, Eintritt 400 Drs., Esplanade, im Palast St. Michael und St. Georg*

RESTAURANTS

Faliraki

In diesem Restaurant sitzt man unterhalb der Stadtmauern der Alten Festung gegenüber und sieht alle einlaufenden Fähren hautnah an sich vorüberziehen. *Tgl. 12−24 Uhr, Zugang von der Ecke Odos Arseniu/Odos Donzelto aus, Kategorie 2*

La Frianderie

Mit verschiedenen Leckereien gefüllte Blätterteigtaschen sind eine griechische Spezialität. Nirgends bekommt man sie frischer als in diesem kleinen Stehlokal: mit Käse gefüllte *Tirópitta*, mit Spinat gefüllte *Spanakópitta*, mit Hühnerfleisch gefüllte *Kotópitta*. Es gibt aber auch den mit einer Art gefüllten Kuchen *Bugátsa*. *Tgl. 7−22 Uhr, Esplanade/Ecke Odos Vulgareos (neben dem Hotel Arkadion), Kategorie 3*

Mouragio

In dieser Ouzerí auf zwei Etagen eines alten Hauses an der Ufer-straße werden zu Ouzo und Wein vor allem Fisch und frische Meeresfrüchte serviert. Eine Ge-tränkespezialität ist *Tsípuro* vom gegenüberliegenden Festland, ein Tresterschnaps ähnlich dem italienischen Grappa. *Odos Arse-niu 15—17, Kategorie 2*

Pantheon

Alteingesessenes Restaurant mit großer Auswahl und gutem Ser-vice nahe dem Fährhafen. *Odos Prossalendu 2, Kategorie 2*

Papiris

❂Sehr einfache und preiswerte Taverne mit geringer Auswahl, aber Wein vom Faß, im Cambiel-lo-Viertel neben der Kirche Pan-tokrátoras gelegen. *Mo-Sa 11 bis 15 und 18—23 Uhr, Odos Agias Theodoras 25, Kategorie 3 1*

Quattro Stagioni

Gepflegtes Altstadt-Restaurant mit Plätzen drinnen und drau-ßen. Serviert werden italienische und korfiotische Spezialitäten. *Tgl. 12—16 und 18—24 Uhr, Odos Maniarsi ke Arlioti 16, Kategorie 1*

The Venetian Wall Wine Bar

Einzigartig stimmungsvoll gele-genes Restaurant am Kremasti-Brunnen auf dem schönsten klei-nen Platz der Altstadt. Die Spei-sekarte präsentiert eine originel-le Mischung aus Eigenkreatio-nen und verfeinerter griechi-scher Küche. *Platia Lisi Desilla, ab-seits der Agias Theodoras, Kategorie 1*

The Viceroy of India

Liebhaber der indischen Küche wissen es immer zu schätzen, au-ßerhalb Großbritanniens ein in-disches Restaurant zu finden. Dieses hier an der Straße von Ka-nóni zurück nach Korfu-Stadt wird von engagierten Englän-dern betrieben und ist eine Mi-schung aus Pub und Restaurant. Das Essen ist aber authentisch indisch. *Tgl. 18—23 Uhr, Odos Naf-sikas, Kanóni, neben dem Hotel Divani Palace, Kategorie 1*

Restaurant in der Altstadt von Korfu

EINKAUFEN

Galerie Eleonora Lisou

Die Künstlerin verkauft in diesem kleinen Geschäft in der Altstadt ihre eigenen Aquarelle mit Ansichten Korfus und anderer griechischer Inseln. *Odos Maniarisi ke Arlioti 4*

Lalaounis

Griechenlands bekanntester Juwelier und Goldschmied unterhält nicht nur in New York und auf den Virgin Islands, in Hongkong und Paris eine Filiale, sondern auch auf Korfu. *Odos Kapodistrias 35 (in der Nordwestecke der Esplanade)*

Olive Wood House

Kleiner Laden mit großer Auswahl an allerlei Objekten aus Olivenholz. *Odos Filelinon 38*

HOTELS

Astron

Sauberes, freundliches Hotel unmittelbar am alten Fährhafen, dessen Zimmer und Bäder allerdings schon etwas abgewohnt sind. *Odos Durelotu 15, Tel. 06 61/ 3 95 05, Kategorie 2*

Bella Venezia

Stimmungsvolles, historisches Stadthaus nahe der Esplanade. *Odos Sambeli 4, Tel. 06 61/4 42 90, Kategorie 2*

Corfu Palace

Luxushotel am Rande der Altstadt nahe dem Meer mit Meerwasserpool, Kinderbecken und Hallenbad. Zu den Stränden muß man jedoch per Taxi oder Linienbus fahren. *Leoforos Dimokratias, Tel. 06 61/3 94 85, Kategorie 1*

Cyprus

⚐ Einfaches, preiswertes Hotel in der Altstadt; internationaler Treffpunkt überwiegend junger Leute. Freundlicher Wirt, aber nur Etagenduschen und -WC's. *Odos Agion Pateron 13, Tel. 06 61/ 3 00 32, Kategorie 3*

STRÄNDE

Im Ortsteil Anemómilos gibt es ein vielbesuchtes, gebührenpflichtiges Strandbad; südlich unterhalb der Alten Festung kann man auf Zement liegen und im Meer baden.

AM ABEND

Korfu ist eine der beiden griechischen Inseln mit Spielkasino. Es ist im Hilton Hotel auf der Halbinsel Kanóni untergebracht (im Hochsommer wird eventuell auch noch im alten Kasino im Achíllion gespielt).

Höchstwahrscheinlich billiger wird ein Besuch der Folklore-Tanzdarbietungen und der Ton-und-Licht-Show in der Alten Festung. *Show vom 15.5.–30.9. tgl. 21.30 Uhr, Mo-Fr auf englisch, Sa auf griechisch, So auf französisch. Folklore-Tänze 1.6.–30.9. Mo-Sa 21 Uhr. Eintrittskarte für beide Veranstaltungen 600 Drs.*

AUSKUNFT

Griechische Zentrale für Fremdenverkehr (EOT)

Platía Eleftherías 1, Tel. 06 61/ 3 75 20 und 33 22 00

Städtische Tourist-Information

Odós Georgíu A' (im Westflügel des Palastes des hl. Georg und des hl. Michael), Tel. 06 61/3 02 65

DER INSELNORDEN

Der Norden Korfus ist gebirgiger als der Süden. Er wird vom 906 m hohen Berg Pantokrator dominiert, dessen Hänge vor allem nach Osten recht steil zum Meer hin abfallen. Sowohl an der Ost- als auch an der Westküste gibt es eine Vielzahl kleiner Buchten; die Nordküste wird von weißen Kreidefelsen und fast dänisch-langen Sandstränden gesäumt. Neben den touristischen Zentren am Meer finden sich im Inselinneren noch zahlreiche kleine, vom Tourismus kaum berührte Dörfer.

BESICHTIGUNGEN UND ORTE

Acharávi

Das ehemalige Dorf an der Nordküste ist einer der jüngsten Ferienorte der Insel. Einzige Attraktion ist der 7 km lange, kinderfreundlich flach abfallende Sand- und Kiesstrand mit vielen Wassersportmöglichkeiten und unzähligen Tavernen direkt am Ufer. Hotelklötze sind hier vermieden worden; man wohnt in kleinen Hotels, Pensionen und in einer Vielzahl von Ferienhäusern. (A2) *40 km von Korfu-Stadt*

Ágios Stéfanos

Die winzige Küstensiedlung liegt der albanischen Küste von allen korfiotischen Orten am nächsten; man kann sogar die Häuser von Butrint erkennen. (B2) *34 km von Korfu-Stadt*

Angelókastro

★ Hoch über der Westküste Korfus stehen einem Adlernest gleich auf einem nach allen Seiten hin steil abfallenden Bergkegel die Ruinen der byzantinisch-venezianischen Burg Angelókastro. Bis zum letzten türkischen Angriff auf die Insel im Jahre 1716 war sie immer wieder Rückzugsort der Bevölkerung im Norden Korfus, wenn Feinde

---

Albanien ist nah

Über 45 Jahre lang war Korfus nur 2 km entfernte Küste vollkommen unerreichbar für die Menschen in Albanien. Dabei waren viele von ihnen sogar Griechen. Sie sprachen zu Hause griechisch, ihre Kinder wurden in den ersten vier Schuljahren griechisch unterrichtet. Jetzt sind viele von ihnen nach Griechenland zurückgekehrt, einige von ihnen sind auch auf Korfu ansässig geworden. Äußerlich sind sie von den Korfioten nicht zu unterscheiden — nur ihre soziale Lage ist schlechter. Sie arbeiten für Hungerlöhne auf dem Bau und in der Landwirtschaft, in Restaurants und Hotels. Sie zu integrieren, stellt für das arme Hellas eine fast unlösbare Aufgabe dar.

Als Tourist hat man von der Grenzöffnung einen großen Vorteil: Man kann jetzt Tagesausflüge nach Albanien unternehmen. Zur Zeit braucht man dafür aber noch einen Reisepaß, der einige Tage vor dem Ausflugsdatum zwecks Visabeschaffung beim Ausflugsveranstalter abgegeben werden muß. Also, nicht vergessen, den Reisepaß mitzunehmen!

kamen. Keiner von ihnen hat Angelókastro je erobern können.

Eine Asphaltstraße führt von Makrádes nach Kríni. Am Ortsende nimmt ein großer Parkplatz Pkws auf, Jeeps können auf der Erdstraße direkt die 700 m bis an den Fuß des Burgbergs weiterfahren. Die letzten 20 Minuten muß man über einen steilen Pfad zu Fuß hinaufsteigen. (A 2) *Frei zugänglich, 36 km von Korfu-Stadt*

Danília

Was viele Urlauber für Korfus schönstes Dorf halten, ist in Wirklichkeit ein völlig künstliches Gebilde. Danilia wurde von einer im Tourismus stark engagierten korfiotischen Familie in den siebziger Jahren in ein schönes, grünes Tal gestellt. Die Häuser, zum Teil unter Verwendung alter Materialien errichtet, sind alten Vorbildern nachempfunden; das Gesamtbild des hübschen Dorfes entspricht eher romantischer Verklärung gar nicht so goldener vergangener Zeiten als der harten geschichtlichen Wirklichkeit.

Im Erdgeschoß der Häuser sind Kunsthandwerksbetriebe und Souvenirgeschäfte angesiedelt, auf dem »Dorfplatz« werden abends griechische Feste organisiert. Wenn man daran denkt, daß all das, was man hier sieht, nur ein unterhaltsames Spektakel ist, lohnt sich der Besuch Danilias aber dennoch. (B 2) *Mo–Sa 10–13 und 18–22 Uhr, Eintritt 1000 Drs., 11 km von Korfu-Stadt*

Ermónes

Der kleine Sand-Kiesstrand in der Bucht von Ermónes ist heute von Hotels und Tavernen gesäumt. Man kann sich kaum noch vorstellen, daß hier der Sa-

An der Hafenpromenade von Kassiópi

ge nach die korfiotische Königstochter Nausikaa beim Ballspiel mit ihren Gefährtinnen den schiffbrüchigen Odysseus fand, der dann mit an den Hof ihres Vaters Alkinoos ging und von diesem nach der Erzählung seiner Abenteuer ein Schiff für die Fahrt in seine Heimat Itháki erhielt. (A 2) *14 km von Korfu-Stadt*

Guviá

Das Ferienzentrum an der schönen, weitläufigen Bucht von Guviá ist landschaftlich reizvoll gelegen, bietet jedoch kaum Sandstrand. Man sonnt sich meist in den guten Hotelgärten. Ein klar erkennbares Ortszentrum fehlt. (B 2) *8 km von Korfu-Stadt*

Kalámi-Kulúra

Die beiden benachbarten Fischerweiler tief unterhalb der Küstenstraße liegen Albanien gegenüber inmitten von Olivenhainen und Zypressen, die bis unmittelbar ans Meer herabreichen. In Kalámi wohnte im großen, weißen Haus Ende der dreißiger Jahre der britische Schriftsteller Lawrence Durrell, der mit »Schwarze Oliven« das wohl bekannteste Korfu-Buch schrieb. Der kleine Kiesstrand vor dem Dorf ist noch nicht überlaufen. (B 2) *30 km von Korfu-Stadt*

Kassiópi

Das große Dorf im Nordosten der Insel liegt an zwei malerischen Buchten gegenüber der albanischen Küste. In der Antike war es ein bedeutender Hafen, in dem die Schiffe auf dem Weg zwischen Italien und Griechenland für die Überquerung des offenen Meeres auf günstiges Wetter warteten. So gelangten auch

berühmte Römer wie Kaiser Nero und Cicero in diesen Ort.

Heute ist Kassiópi ein sehr stark besuchter Badeort mit vielen modernen Bars und Cafés unmittelbar am Ufer. Auf der Halbinsel, die die beiden Buchten voneinander trennt, stehen noch Mauern einer Burg aus dem 13. Jh.; einen Blick wert ist die Dorfkirche Panagía Kassópitra aus dem Jahre 1590. (B 2) *Burg frei zugänglich, Kirche vormittags geöffnet. 36 km von Korfu-Stadt*

Lákones

Das kleine, noch recht ursprüngliche Dorf wird auch als »Balkon des Ionischen Meeres« bezeichnet. Traumhaft schön ist der Blick von hier über die dicht von Ölbäumen und Zypressen bestandenen grünen Hänge hinunter auf die Buchten von Paleokastrítsa, zu denen auch ein Wanderweg in 40 Minuten hinunterführt. (A 2) *30 km von Korfu-Stadt*

Makrádes

Das Bergdorf auf dem Wege von Paleokastrítsa zur Burg Angelókastro ist das Zentrum der korfiotischen Kräutersammler und -händler. (A 2) *2 km von Korfu-Stadt*

Paleokastrítsa

★ Die große Bucht von Paleokastrítsa wird durch mehrere felsige Halbinselchen nochmals in eine Reihe kleiner Buchten gegliedert. Meist ist die Küste felsig, dazwischen eingestreut sind kleine Sandstrände. Überall reicht das üppige Grün bis unmittelbar ans Wasser heran, im Hinterland steigen die Hänge mehrere 100 Meter hoch auf. Paleokastrítsa gilt den Korfioten als schönster Platz auf Erden. Ein eigentliches Dorfzentrum gibt es nicht: Hotels, Häuser und Tavernen sind locker über die grandiose Landschaft verstreut. Vom kleinen Hafen aus kann man mit Spezialbooten trockenen Fußes die Unterwasserwelt kennenlernen; Hauptattraktion ist aber das weiße Kloster Panagía Theotókos auf einem felsigen Kap nördlich des Hafens. Hübsch anzusehen ist der blumenreiche Innenhof mit seinen schattigen Gängen; das Kircheninnere birgt zwei seltene Ikonen aus dem Jahre 1713, die die Schöpfungsgeschichte in rührender Weise erzählen. Im kleinen Klostermuseum werden Weihegaben und ein Gästebuch gezeigt, das so aufgeschlagen ist, daß man die Eintragungen Kaiser Wilhelm II. und seiner Familie aus dem Jahre 1909 sieht. (A 2) *Tgl. 9—13 und 16—19 Uhr; bedeckte Schultern und Knie erforderlich. 30 km von Korfu-Stadt*

Pantokrator

↯ Auf den 906 m hohen Gipfel des höchsten Inselberges kann man mit dem Pkw oder Moped gelangen. Dazu folgt man nördlich von Ipsos von der Küstenstraße aus dem Wegweiser Spartílas, durchquert das Dorf und folgt dann der Beschilderung in Richtung Láfki. Als erstes Dorf an dieser im Mai und Juni üppig von blühendem Ginster gesäumten Bergstraße folgt auf bereits 630 m Höhe Striníllas mit schöner Platía, in deren Tavernen man nett rasten kann. 750 m weiter weist ein Schild zum Pantokrator. Die Straße geht bald in eine gut befahrbare Piste über, die nach 3,5 km auf dem Berg-

gipfel endet. Das bereits 1347 hier oben gegründete Kloster steht heute leer; lange Tische und Bänke unter offenen Arkaden zeugen aber davon, daß am Tage des Kirchweihfestes viele Pilger kommen. An einem Zisternenschacht hängen ein Eimer und ein Becher für den durstigen Wanderer. Faszinierend ist der Rundblick über weite Teile der Insel und tief nach Albanien hinein. (B 2) *34 km von Korfu-Stadt 1*

Pélekas

↯ Das Bergdorf nahe einiger der besonders schönen Inselstrände hat sich zu einem urigen Zentrum korfiotischen Nachtlebens entwickelt. Die Hauptstraße des Dorfes ist von Bars und Tavernen gesäumt, doch in den kleinen Nebengassen beherrscht noch immer Tradition das Bild. In vielen Häusern werden Privatzimmer vermietet. Vom Gipfel des Hügels, an dem Pélekas liegt, bietet sich ein besonders lohnendes Panorama dem Auge dar; schon Kaiser Wilhelm II. kam hierher, um den Sonnenuntergang zu erleben.

Nur 2 km unterhalb des Ortszentrums von Pélekas liegt der auch als Pélekas Beach bezeichnete Kondojálos-Strand, an dem zwar mehrere Tavernen stehen, aber noch keine Großhotels. Man kann dort noch in Privatzimmern und kleinen Pensionen wohnen. Ein gut befahrbarer Feldweg führt hinunter. (B 2) *15 km von Korfu-Stadt*

Rópa-Ebene

Die sumpfige Ebene nordwestlich der Inselhauptstadt, 8 km lang und 3 km breit, ist nahezu

Die kleinen Buchten auf Korfu locken zum Bade

baumlos. Hier liegt auch der Golfplatz der Insel. (A/B 2) *15 km von Korfu-Stadt*

Sidári

★ Sidári liegt am schönsten Abschnitt der Nordküste. Das große Dorf breitet sich am westlichen Ende eines langen Sandstrandes und am Rand hier noch niedriger Sandsteinklippen aus, die kleine Buchten mit schönen Sandstränden umschließen. Einige flache Sandsteinklippen liegen im Meer und können mit Booten angesteuert werden; westlich des Dorfes beginnt dann eine kilometerlange Steilküste aus weißen Kreidefelsen. Ruhe bietet dieser Ort allerdings nicht mehr, da er zu einem Zentrum des britischen Massentourismus geworden ist. (A 2) *42 km von Korfu-Stadt 1*

RESTAURANT

Golden Fox

Die Taverne am südlichen Ortsanfang von Makrádes bietet von einer sonnen- und windgeschützten Terrasse aus einen Panoramablick auf die Buchten und das Kloster von Paleokastrítsa und dazu gute griechische Küche. *Makranádes, Kategorie 2*

EINKAUFEN

Alkis

Seit 1986 widmet sich Herr Alkibiades mit Leidenschaft der Suche nach schön gemasertem Olivenholz, um daraus Unikate nach eigenen Ideen herzustellen. Er kann als bester Olivenholzschnitzer der Insel gelten. *Lákones, am Ortsausgang links der Straße nach Makrádes*

Die Korfioten halten Paleokatrítsa für den schönsten Platz auf Erden

HOTELS

Akrotiri Beach

Das Hotel mit 120 Zimmern und Apartments für bis zu vier Personen liegt auf einer kleinen Landzunge unmittelbar über einer der vielen schönen Buchten von Paleokastrítsa; die herrliche Aussicht von der Pool- und der Caféterrasse ist unübertrefflich. *Paleokastrítsa, Tel. 06 63/ 4 22 75, Kategorie 1*

Daphnila Bay

Die 260-Zimmer-Anlage mit Haupthaus und Bungalows gleicht einem Ferienclub. Neben Animationsprogrammen und guter Kinderbetreuung werden zahlreiche Sportmöglichkeiten geboten, darunter auch Mountain-Bike-Touren, Segel-, Windsurf- und Tennisschule. *Dassiá-Dafníla, Tel. 06 61/3 58 36, Kategorie 1*

Ermones Beach

Das architektonisch umstrittene, aber sehr gut geführte 272-Zimmer-Hotel zieht sich vom Strand einen Hang hinauf; eine Seilbahn verbindet die verschiedenen Ebenen miteinander. Pool und großes Sportangebot mit Tauchen, Surfen, Tennisplätzen und Bogenschießanlage. *Ermónes, Tel. 06 61/9 42 41, Kategorie 1*

Ionian Princess

Das gut in die Umgebung eingepaßte 120-Zimmer-Hotel mit gepflegtem Garten, Pool und Tennisplätzen liegt direkt am

Strand. *Acharávi, Tel. 06 63/ 9 31 10, Kategorie 2*

Maria's Place

🏊 Die kleine Pension direkt am Strand Pélekas Beach ist ein idealer Platz für einen ungezwungenen, preiswerten Badeurlaub, solange man keine großen Ansprüche an Komfort stellt. Die 7 Zimmer mit Dusche/WC werden mit Halbpension vermietet; ins Dorf Pélekas läuft man 2 km bergan. *Pélekas Beach, Tel. 06 61/ 9 46 01, Kategorie 3*

Nikos

🏊 Die kleine Pension inmitten eines alten Olivenhains liegt am unteren Ortsrand von Pélekas am Weg zum nur 1,5 km entfernten Pélekas Beach. Den überwiegend jungen Gästen aus aller Welt stehen ein Dachgarten und eine große Caféterrasse als Treffpunkt zur Verfügung: ein idealer Platz für Traveller. Es gibt Zimmer mit und ohne Dusche/WC. *Pélekas, Tel. 06 61/9 44 86*

Pélekas Sunset Hotel

🏊 Das erst 1990 eröffnete 33-Zimmer-Hotel steht auf dem Gipfel eines Berges überm Dorf Pélekas und bietet von allen Zimmern aus einen hervorragenden Panoramablick. Bis ins Dorf geht man etwa 10 Minuten. Pool und Tennisplatz sind geplant. *Pélekas, Kaizer's Throne, Tel. 06 61/9 42 30, Kategorie 2*

Saint George's Bay Country Club

⭐ Dieses Hotel ist ein Musterbeispiel für hervorragende Anpassung an Landschaft und Geschichte seines Standortes. In der weitläufigen Anlage verteilen sich 70 Apartments mit Platz für bis zu 4 Personen auf eine große Zahl ganz individuell gestalteter, zweistöckiger Häuser im Inselstil. Hier fühlt man sich fast wie in einem korfiotischen Dorf und genießt dabei dennoch viel Komfort. Zum Komplex gehören ein großer Pool, zwei Tennisplätze mit Flutlicht und ein Clubhaus mit Restaurant. Zum Sandstrand geht man 100 bis 300 m. *Acharávi, Tel. 06 63/ 6 32 25, Kategorie 1 und 2*

Saint Stéfanos

Kleines, einfaches Hotel mit nur 8 Zimmern unmittelbar am Strand abseits des Massentourismus. *Agios Stéfanos, Tel. 06 63/ 9 52 84, Kategorie 3*

Villa Matella

Die kleine Pension mit nur acht Zimmern ist für ruhige Ferientage geeignet. Um beweglich zu sein, braucht man aber ein eigenes Fahrzeug. *Kalami, Tel. 01/ 9 82 51 88, Kategorie 2*

AM ABEND

An Diskotheken herrscht in den Küstenorten kein Mangel; originell ist keine.

DER INSELSÜDEN

In Korfus Süden sind die Berge zwar niedriger als im Norden, die Landschaft aber ist ebenso abwechslungsreich. Neben den Küstenebenen mit dem lagunenartigen Korissión-See oder den Salinen von Alíkes findet man kleine Flüsse, stille Fischerhäfen und weitläufige Dörfer, deren Bewohner noch immer überwiegend von der Landwirtschaft leben. Lange Sandstrände, von denen erst wenige durch Großhotels erschlossen sind, machen den Inselsüden zu einem beliebten Ausflugsziel für Ostküstenurlauber und Wohnmobilisten.

BESICHTIGUNGEN UND ORTE

Achíllion

★ Korfus beliebtestes Ausflugsziel ist ein kleines Schloß hoch über der Ostküste inmitten eines großartigen Parks. Kaiserin Elisabeth von Österreich (1837 bis 1898) ließ es erbauen und kam zwischen 1891 und ihrer Ermordung in Genf im Jahre 1898 mehrfach hierher. 1907 kaufte der deutsche Kaiser Wilhelm II. das Anwesen und verbrachte dort alljährlich bis 1914 die Osterzeit. Der Lieblingsheld beider Majestäten war Achill. Beide setzten ihm im Schloßpark ganz unterschiedliche Denkmäler: die melancholische Österreicherin liebte den »Sterbenden Achill«, der Preuße schätzte den »Siegreichen Achill«.

Im Innern des Achíllion können die Schloßkapelle und ein kleines Museum mit Erinnerungsstücken an die kaiserlichen Hoheiten besichtigt werden. Abends diente das Schloß bis zu Beginn der neunziger Jahre als exklusives Spielkasino. Dem Eingang zum Achíllion gegenüber können die Weine und Liköre der Kellerei Vassilákis verkostet und gekauft werden. (B 2) *Tgl. 8–19 Uhr, Eintritt 400 Drs., 9 km von Korfu-Stadt, Linienbus 10 ab San Rocco Square mehrmals tgl.*

Ágios Górdios

Die Feriensiedlung am Rande einer breiten Sandbucht an der Westküste liegt zwischen Steilküsten nahe dem Dorf Sinarádes. (B 2) *14 km von Korfu-Stadt*

Ágios Matthéos

☉ Das große Bergdorf im Süden der Insel ist noch völlig untouristisch, in den Kaffeehäusern sitzen die Einheimischen weitgehend unter sich. Bis zu 463 m hohe Hügel umschließen den Ort, so daß man das Meer von hier nicht sieht. Die Ernte der großen Olivenhaine rund ums Dorf wird im Winter und Frühjahr in mehreren kleinen Fabriken zu Olivenöl verarbeitet. (B 3) *22 km von Korfu-Stadt*

Ágios Nikólaos

☉ Das Dorf im Süden nahe der Westküste ist eine der noch am wenigsten vom Tourismus veränderten Gemeinden. Hier findet man einfache Kaffeehäuser und Gemischtwarenhandlungen im Tante-Emma-Stil. (B 3) *34 km von Korfu-Stadt*

Alíkes

Die Umgebung dieser kleinen Siedlung in einer flachen Küstenebene wirkt durch die flachen Salinen fast wüstenartig; am Sandstrand stehen nur einige wenige Tavernen und Pensionen. (B 3) *44 km von Korfu-Stadt*

Benítses

Der große Urlaubsort an der Ostküste hat zwar kaum Strand, aber dafür jede Menge Probleme mit seinen trink- und rauffreudigen Gästen. Man meidet ihn besser. (B 2) *13 km von Korfu-Stadt*

Búkari

☉ Der kleine Fischerhafen an der Ostküste ist einer der angenehm stillen Küstenorte der Insel. Der kleine Kiesstrand fällt flach ins Meer ab und bietet natürlichen Schatten unter Tamarisken. Vor allem an Wochenenden ist Búkari seiner Fischtavernen wegen ein beliebtes Ausflugsziel der Einheimischen. (B 3) *33 km von Korfu-Stadt; Zufahrt in Argirádes zunächst beschildert, bei nächster Weggabelung dem Schild Richtung Kuspádes folgen*

Gardíki

Die kleine byzantinische Festung aus dem 13. Jh. liegt nur wenige Meter erhöht über den umliegenden Feldern. Sechs ihrer Türme sind noch gut erhalten, die Mauern sind jedoch ebenso wie das Innere der Festung stark überwuchert. Schlangen fühlen sich hier besonders wohl. (B 3) *Frei zugänglich. 26 km von Korfu-Stadt*

Glifáda

Glifáda ist ein guter Standort für sportliche Strandfans, die gern gut wohnen und auch nicht zu weit vom städtischen Leben entfernt sein möchten. Der kilometerlange Sandstrand liegt, eingerahmt von Steilküsten, vor grünen Hängen. (A 2) *Linienbusse in die Inselhauptstadt verkehren mindestens zehnmal tgl. 19 km von Korfu-Stadt*

Kanóni

✿ An der Kanóni genannten Spitze der Halbinsel Análipsis sieht man mit eigenen Augen, was so vielen Fotografen für Postkarten, Kalender und Werbe-Poster als Korfu-Motiv schlechthin diente. Wenn man in die richtige Richtung schaut, sieht man tief unter sich die Klosterinsel Vlachérna und die Mäuseinsel, griechisch Pondikoníssi genannt, und blickt über die Bucht von Pérama über grüne Hänge in den blauen Himmel. Dreht man den Kopf ein wenig weiter nach rechts, führt einem die in die Lagune von Chalkiopúlu hineingebaute Landebahn des korfiotischen Flughafens die Baukunst des 20. Jhs. deutlich vor Augen.

Zur Klosterinsel Vlachérna kann man über einen kurzen, künstlichen Damm hinüberlaufen. Das ehemalige Nonnenkloster aus dem späten 17. Jh. wird jetzt von einer Familie bewohnt, die im Klosterhof ein Souvenirgeschäft eingerichtet hat.

Zum Inselchen ★ Pondikoníssi kann man sich mit dem Boot in zwei Minuten übersetzen lassen. Zwischen hohen Zypressen steht dort eine Kreuzkuppelkirche aus dem 12. Jh. (B 2) *Kanóni 4 km von Korfu-Stadt, häufige Linienbusverbindung ab Esplanade (schräg gegenüber vom Schulenburg-Denkmal), Saroco-Platz und Alter Hafen; Kloster unregelmäßig geöffnet*

Kávos

Der südlichste Ort der Insel ist fest in den Händen britischer Urlauber, auf deren Geschmack hier alles abgestellt ist. (B 3) *47 km von Korfu-Stadt*

Korissión-See

Der über 5 km lange und 1 km breite See, der im Sommer nahezu völlig austrocknet, wird durch einen langen, teils steinigen, teils sandigen Strand vom offenen Meer getrennt. Im Norden des Sees findet man Schilfflächen und große Blumenwiesen sowie zahlreiche Wasservögel. (B 3) *28 km von Korfu-Stadt*

Lefkímmi

⊗ Das große Dorf besteht aus mehreren Teilen; am schönsten ist es am Flüßchen Potámi, auf dem Fischerboote liegen. In der Umgebung der Straßenbrücke sieht man einige schöne Häuser aus venezianischer Zeit mit den typischen Arkadengängen. Außerhalb des Ortes lohnt das Nonnenkloster Kirá (Zufahrt ab Hauptstraße beschildert) einen Besuch. Die Bewohnerinnen zeigen sich meist sehr gastfreundlich. (B 3) *40 km von Korfu-Stadt*

Marathiás

Die beiden Buchten der noch sehr kleinen Feriensiedlung an der Westküste werden von sehr schönen, rötlich schimmernden Sandstränden gesäumt. (B 3) *35 km von Korfu-Stadt*

Messóngi-Moraítika

Die beiden Dörfer, die nur durch einen schmalen Fluß voneinander getrennt sind, bilden einen netten Ferienort mit langem, aber schmalem Kiesstrand und ausgedehnten Olivenwäldern im Hinterland. (B 3) *18–20 km von Korfu-Stadt*

Petríti

Am Ufer des kleinen Dorfes an der Westküste werden in einer einfachen Werft noch hölzerne Kaikis gebaut. Die Tavernen am Strand sind noch ursprünglich. (A 3) *35 km von Korfu-Stadt*

Sinarádes

⊗ Das große Bergdorf weist noch viel alte Bausubstanz auf; in einem alten Bauernhaus im

Bäuerin beim Spinnen

Dorf, das jetzt als Volkskundliches Museum dient, kann man sehen, wie die Korfioten vor 100 und mehr Jahren lebten. *Unregelmäßig geöffnet, meist 17–19 Uhr, Weg dorthin im Dorf ausgeschildert*

RESTAURANTS

Acrostato

↘↙ Das ganz ruhig abseits aller Hauptstraßen gelegene Lokal, daß sich selbst bescheiden nur als Snack-Bar bezeichnet, bietet gute griechische Küche mit einem grandiosen Blick über Ágios Górdios und die Westküste. *Sinarádes, 800 m abseits der Hauptstraße, Zufahrt vom Ortsende in Richtung Pélekas aus beschildert, Kategorie 3*

Bella Vista

↘↙ Von der Terrasse dieses Cafés und Restaurants gleich unterhalb des Achíllion hat man einen besonders schönen Blick über die Ostküste und auf die Stadt Korfu. *An der Straße vom Achíllion nach Benítses, Kategorie 2*

Búkari

★ Große Taverne unter schattigen Bäumen direkt am Hafen. Einige Tische und Stühle stehen auch direkt auf dem Strand. Neben frischem Fisch und Langusten ist Lamm vom Spieß die Spezialität des Hauses. Der Wein kommt vom Faß, Obst zum Nachtisch können sich die Gäste im Garten der Wirtsfamilie selbst pflücken. *Tgl. 8—1 Uhr, Bukári, am Hafen, Kategorie 3*

HOTELS

Agios Gordios

Das 209-Zimmer-Hotel direkt am Strand bietet Pool und Tennisplätze. *Agios Gordios, Tel. 06 63/5 33 20, Kategorie 1*

Bukári

Kleines Hotel mit nur 10 Zimmern in einem schönen Garten voller Zitronenbäume etwas erhöht überm Meer. *Bukári, Tel. 06 62/2 26 87, Kategorie 3*

Corfu Hilton

Luxushotel nahe der Einflugschneise des Flughafens. Pool, Tennisplätze, Bowlingbahnen, Spielkasino. *Kanóni, Tel. 06 61/3 65 40, Kategorie 1*

Delfinákia

Das 80-Zimmer-Hotel liegt unmittelbar am schmalen, kinderfreundlichen Sand-Kiesstrand. Im alten Garten gibt es aber auch einen Pool. *Moraítika, Tel. 06 61/5 54 50, Kategorie 2*

Egripos

Die kleine Pension von Stefanos Kourtesis, der 10 Jahre lang in Braunschweig arbeitete, liegt ganz ruhig nahe dem Meer im stillen Küstenweiler Petríti. Alle 17 Zimmer haben Dusche/WC; für einen mindestens einwöchigen Aufenthalt macht der Wirt außerordentlich günstige Preise.

Petríti, Tel. Mai—Okt. 06 62/5 19 49, Tel. Nov.—Apr. 06 62/5 19 34, Kategorie 3

Glifáda Beach

Besonders kinderfreundliches Strandhotel mit 242 Zimmern, Pool und Tennisplätzen. Viele Wassersportmöglichkeiten, Hotelbus-Service in die Stadt und zum 4 km entfernten Golfplatz. Die Tauchschule Ionian Divers liegt unmittelbar neben dem Hotel. *Glifáda Beach, Tel. 06 61/9 42 01, Kategorie 1*

AM ABEND

Diskotheken in allen Badeorten. Griechische Folkloreabende in vielen Restaurants und Hotels.

NACHBARINSELN

Erikussa

★ Die nur vier Quadratkilometer große Insel eine Bootsstunde nördlich von Korfu ist ein idealer Rückzugsort für alle, die völlige Ruhe suchen. Die Insel hat nur 60 Einwohner, die in einem winzigen Dorf und in über die Insel verstreuten Bauernhäusern leben. Große Teile der Insel sind hügelig (höchste Erhebung: 130 m) und bewaldet. Ein Teil des Waldes wurde allerdings Ende der achtziger Jahre durch einen Großbrand verwüstet. Unmittelbar am kleinen Bootshafen beginnt ein langer, breiter Sandstrand, der sich viele hundert Meter weit gen Osten erstreckt. Am Ortsrand steht ganz nah am Strand das Hotel Erikussa als einzige Unterkunftsmöglichkeit auf der Insel; im Sommer haben einige Tavernen geöffnet. Im Sommer finden auch Bootsausflüge nach Eríkussa von Acharávi, Sidári und Kassiópi aus statt; ansonsten erreicht man die Insel täglich gegen 12 Uhr ab Sidári und dienstags und samstags um 6.30 Uhr mit der Autofähre Alexandros ab Korfu-Stadt. *Hotel Eríkussa: geöffnet Mai bis Okt.; Tel. 06 63/7 15 55; außerhalb der Öffnungsmonate Tel. 06 61/3 01 62, Kategorie 2*

Mathráki

✪ Der Inselwinzling nordwestlich von Korfu liegt noch völlig fernab des Tourismus. Es gibt weder ein Hotel noch eine ständig geöffnete Taverne; angesteuert wird Mathráki montags und donnerstags um 12.30 Uhr von einem Kaiki aus Sidári und dienstags und samstags um 6.30 Uhr mit der Autofähre Alexandros ab Korfu-Stadt.

Othoní

✪ Die westlichste, Italien am nächsten gelegene Insel Griechenlands beherbergt auf ihren neun Quadratkilometern nur noch 100 ständige Bewohner. Sie leben im Hafenort und in Bauernhäusern, die über die ganze Insel verstreut versteckt in uralten Olivenbaumwäldern liegen. Der höchste Berg der Insel ist immerhin 408 m hoch; der Besucher kann über uralte Wege zu eindrucksvollen Steilküsten und kleinen Hochplateaus wandern. Im Inseldorf werden Privatzimmer vermietet; das kleine Hotel Othoni bietet vier Zimmer und vier kleine Apartments. Am Ortsrand liegt ein langer Strand aus faustdicken Kieselsteinen; ein kleiner Sandstrand an der Westseite der Insel ist nur per Boot zu erreichen.

Bootsverbindungen nach Othoní bestehen montags und donnerstags um 12.30 Uhr per Kaiki mit Sidári und dienstags und samstags um 6.30 Uhr mit der Autofähre Alexandros ab Korfu-Stadt. *Hotel Othoni: Tel. 06 63-7 16 40, Kategorie 3*

Páxi

★ Die 46 Quadratkilometer große Insel südlich von Korfu ist ein einziger, jahrhundertealter Olivenwald. Die über 250 000 Ölbäume bedecken eine sanfte, bis zu 247 m hohe Hügellandschaft und reichen fast überall bis unmittelbar an die Küste heran. Die 2400 Insulaner wohnen in den drei Dörfern Gáios, Lákka und Lóngos sowie in einer Reihe winziger, über die Insel verstreuter Weiler.

Gáios ist der Hauptort. Von der mit den Tischen und Stühlen von Restaurants vollgestellten Platía am Hafen aus fällt der Blick über einen schmalen, flußgleichen Meeresarm auf die vorgelagerte Insel Ágios Nikólaos mit den spärlichen Resten einer venezianischen Festung. Ihr schließt sich im Norden das Inselchen Panagía mit einer schneeweißen, alljährlich am 15. August vielbesuchten Marienkirche an. An der Uferpromenade liegen ein kleines, privates Aquarium und die auffallend große ehemalige Residenz des britischen Gouverneurs. Sie dient heute als Apartmenthaus, das wie nahezu alle Ferienhäuser im Ort fest in der Hand britischer Reiseveranstalter ist.

Lóngos (4 km) ist im Gegensatz zu Gáios ein noch verträumter, kleiner Ort mit urigen Tavernen. Außerdem gibt es eine alte

---

Fährverbindungen (gültig für die gesamte Insel)

Ganzjährig und rund um die Uhr verbinden Autofähren die Stadt Korfu mit Igumenítsa auf dem Festland. Ganzjährig mehrmals täglich verkehren außerdem Autofähren zwischen Lefkímmi im Inselsüden und Platária auf dem Festland. Außerdem verbindet mindestens einmal täglich eine Autofähre die Stadt Korfu mit Páxi und mehrmals wöchentlich mit Pátras/Peloponnes. Im Sommer bestehen außerdem mehrmals wöchentlich Fährverbindungen mit Vathí/Itháki und Sámi/Kefalliniá sowie einmal wöchentlich mit den ägäischen Inseln Páros und Sámos. Mit den Othonischen Inseln Eríkussa, Mathráki und Othoní ist die Stadt Korfu zweimal wöchentlich per Autofähre verbunden.

Seifenfabrik, die demnächst restauriert werden soll.

Lákka (8 km) ist das Wassersportzentrum der Insel. Hier kann man hervorragend surfen; auch eine Tauchschule ist vorhanden. Baden kann man von glatten Felsschollen aus. Die Platía von Lákka mit ihren Bars und Tavernen steht der von Gáios an Atmosphäre nicht nach. Der schönste Sandstrand der Insel liegt auf dem über einen Damm mit Páxi verbundenen Eiland Mongoníssos, zu dem von Gáios aus ständig Transferboote fahren. Außerdem stehen in Gáios zahlreiche Wassertaxis und Motorboote zum Selbstfahren zur Verfügung.

Ein Erlebnis besonderer Art ist eine Inselrundfahrt mit dem Schiff, wie sie auch die Ausflugsboote von Korfu her unternehmen. Dabei erlebt man die steil ins Ionische Meer abfallende Westküste der Insel mit ihren bizarren Felsformationen und mehreren Grotten. In der Höhle Ipapándi hielt sich während des Zweiten Weltkriegs monatelang ein griechisches U-Boot versteckt; in der Grotte Petríti verzaubern natürliche Lichteffekte den Besucher mindestens ebenso wie in der viel berühmteren Blauen Grotte von Capri.

Nur durch einen schmalen Sund von Páxi getrennt schließt sich südlich noch die Insel Antípaxi an, die nur noch von 100 Menschen bewohnt wird. Im Norden besitzt Antípaxi mehrere sehr schöne Sand- und Kiesstrandbuchten, die man von Gáios aus per Boot mehrmals täglich erreichen kann.

Bestes Hotel auf Páxi ist das Paxos Beach am Ortsrand von Gáios. Privatzimmer werden in allen drei Inselorten sowie auf Antípaxi vermietet; Restaurants sind ebenfalls überall vorhanden. Besonders empfehlenswert ist die Taverne Blue Grotto in Gáios etwas abseits des Ufers.

Páxi erreicht man täglich per Autofähre von Korfu-Stadt aus. Abfahrt der Fähre »Kamelia« um 14 Uhr ab Altem Hafen. Außerdem werden von mehreren Orten an Korfus Westküste aus Tagesausflüge mit dem Boot nach Páxi angeboten, die meist auch eine Badepause auf Antipáxi einschließen. (B 2) *Paxos Beach: (Tel. 06 62/3 12 11, Kategorie 2); Taverne Blue Grotto: Kategorie 2*

Wechselspiel von Meer und Land

Von den Dünen im Norden bis zu den weißen Kreidefelsen im Süden ein Paradies für Strandliebhaber

Léfkas ist als einzige der Ionischen Inseln durch eine Brücke mit dem Festland verbunden. Sie ist ein schlagender Beweis für griechische Improvisationskunst: Statt eine teure Brücke zu konstruieren, hat man einfach ein exakt passendes Fährschiff umgebaut und quer in den schmalen Kanal gelegt, der Léfkas seit römischer Zeit zur Insel macht. Will ein Schiff passieren, dreht die »Brücke« bei.

Gleich hinter der originellen Brücke teilt sich an der Nordostspitze der Insel die Straße. Eine führt direkt über einen von den Briten angelegten Straßendamm zur Inselhauptstadt Lefkáda, die andere umrundet die Lagune im Norden und passiert dabei einen kilometerlangen Sandstrand mit Dünen und idealen Bedingungen für Windsurfer.

Die lefkadischen Küstenorte liegen fast ausnahmslos an der Ostseite der Insel. In nahezu jedem hat man den Eindruck, am

Unter den Ölbäumen werden Netze ausgespannt, um die herabfallenden Oliven aufzufangen

Ufer eines von Bergen und Hügeln umgebenen Sees zu stehen: Im Norden trennt sie nur ein schmaler Sund vom gegenüberliegenden Arkananien, weiter im Süden begrenzen nahe, vorgelagerte Halbinseln und Inselchen den Horizont, darunter auch Skórpios, die Privatinsel der Familie Onassis.

Der einzige nennenswerte Ort an den übrigen Küsten ist das schöne, an einer weiten Bucht im Südwesten gelegene Vassilikí. Zum Ionischen Meer hin wird die Bucht von der weit vorspringenden Halbinsel Lefkáta begrenzt, deren Ufer auf weite Strecken als hohe, weiße Kreideküste ins Meer abfallen. Stellenweise sind ihr höchst idyllische Sandbuchten wie Pórto Katsíki vorgelagert, anderswo kilometerlange, nur schwer zugängliche und daher kaum besuchte Strände.

Wer Ruhe sucht auf der 50 km langen und über 20 km breiten Insel, findet sie in den Bergdörfern hoch über der Westküste und im Inselinnern. Hier sind auch schöne Wanderungen möglich. Dem Bildungsreisenden hat

Léfkas hingegen nur wenig zu bieten. Von der antiken Stadt, 640 v.Chr. von Korinth gegründet, ist kaum etwas erhalten. Auch aus venezianischer Zeit ließen die 24 Erdbeben, die Léfkas seit dem 15. Jh. erschütterten, kaum etwas stehen. Doch wer schöne Strände schätzt, wird sich auf der Insel wohl fühlen. Um sie alle zu erkunden, ist es freilich am besten, sein eigenes Fahrzeug dabei zu haben — was angesichts der Fährbrücke ja kostengünstig möglich ist. (C 4)

BESICHTIGUNGEN UND ORTE

Kariá
★ Im größten Bergdorf der Insel (1150 Ew.) stehen noch viele traditionelle Häuser. Vor allem am späten Nachmittag ist der von alten Platanen beschattete Dorfplatz voller Leben. Am oberen Dorfrand steht dem Hotel gegenüber ein kleines privates Volkskundliches Museum (*Öffnung nach Bedarf*).

Kloster Ágios Jánnis sto Rodáki
Das aufgegebene Kloster aus dem 18. Jh. liegt einsam und romantisch in den Bergen. Zu seinem Bau wurden Teile eines antiken Tempels verwendet, der einst an dieser Stelle stand. *3,6 km abseits der Hauptstraße von Póros nach Sívros*

Kloster Faneroménis
Das einzige noch bewohnte Kloster der Insel liegt in einem Wäldchen oberhalb von Lagune

MARCO-POLO-TIPS FÜR LEFKAS

1 Kap Dukáto
Aussichtspunkt an der Hauptschiffahrtsstraße (Seite 73)

2 Pórto Katsíki
Traumstrand vor weißer Steilküste (Seite 74)

3 Kariá
Großes Bergdorf mit schöner Platia und ruhigem Hotel (Seite 72)

4 Wasserfälle bei Nidrí
Kurzer Spaziergang in eine grüne Schlucht (Seite 74)

5 Vlícho
Eine traumhaft schöne Landschaft aus Wasser, Land und Himmel (Seite 74)

6 Die Nehrung von Lefkáda
Ein Paradies für Surfer und ein Strand mit Dünen (Seite 76)

7 Póros
Ein kleines Bergdorf mit idyllischer Platía (Seite 74)

8 Insel Meganíssi
Drei Dörfer und kaum Fremde (Seite 76)

9 Insel Skórpios
Aus der Nähe sehen, wo Onassis und Jackie Kennedy lebten (Seite 77)

10 Nikópolis
Eindrucksvolle Überreste einer frühbyzantinischen Stadt auf dem nahen Festland (Seite 77)

und Stadt. Besonders stimmungsvoll ist ein Besuch zur Zeit des täglichen Gottesdienstes um 6 und 18 Uhr. *4 km oberhalb von Lefkáda an der Straße nach Agios Nikítas, geschl. 14–16 Uhr*

Lefkáda

Den besonderen Reiz der Inselhauptstadt (8000 Ew.) macht ihre Lage zwischen der Lagune und dem engen Sund aus, der Léfkas vom Festland trennt. An den Gassen der Stadt haben viele Häuser das Erdbeben von 1953 überstanden, weil ihre Obergeschoße gemäß türkischer Bauweise aus Holz statt aus Stein bestanden. Diese Holzfassaden sind allerdings nur noch selten zu erkennen, da sie inzwischen häufig mit Wellblech oder Kunststoff verkleidet wurden. Dadurch wirkt die Inselhauptstadt etwas provisorisch.

Auch einige Kirchen aus venezianischer Zeit blieben erhalten, wenn die Glockentürme nach 1953 auch durch ausgesprochen häßliche Eisenkonstruktionen ersetzt werden mußten.

Sozialer Mittelpunkt der Stadt ist die Platía mit ihren Kiosken und Cafés. An ihr beginnt rechts neben der Kirche Agios Spirídonis die Gasse Odos Dimarhou Verrioti mit originellen Handwerksbetrieben vom Sargtischler über den Ikonenmaler bis zum Zahntechniker, dem man durch ein großes Schaufenster bei der Arbeit zusehen kann.

Lefkáta-Halbinsel

Eine der herausragenden Küstenszenerien Griechenlands bietet die Halbinsel Lefkáta mit ihren weißen Kreideklippen. Bis zum letzten Dorf, Athaní, ist die

Weist den Weg zwischen Italien und Griechenland: Leuchtturm am Kap Dukato

Straße noch asphaltiert; dann führt ein guter Feldweg weiter gen Süden bis zum ★ Kap Dukáto. Heute steht hier nur noch ein Leuchtturm, an dem ständig Schiffe auf ihrem Weg von Italien in den Golf von Pátras und umgekehrt vorüberziehen. Aus der Antike ist für diese Stelle ein nicht mehr sichtbares Apollo-Heiligtum bezeugt. Zwischen Athaní und dem Kap Dukáto zweigt ein anderer Feldweg zur

Bucht von ★ Pórto Katsíki ab, einem hellen Streifen Sand tief unterhalb der kreideweißen Steilküste. Sein Bild findet man auf vielen Postern, mit denen die Griechische Fremdenverkehrszentrale wirbt. Verschiedene andere hervorragende Strände sind über holprige Pisten von Athaní aus zu erreichen.

Ligiá

Das unscheinbare kleine Dorf mit kleinem Kiesstrand ist eins der großen Fischereizentren Westgriechenlands. Im Hafen liegen immer einige große Kaikis der Fischer; die Kaffeehäuser am Kai sind ganz auf sie abgestellt.

Nidrí

Der lebhafteste Urlaubsort der Insel und zugleich ihr wichtigster Fährhafen liegt landschaftlich besonders ansprechend mehreren Inselchen gegenüber am Eingang zur grünumsäumten Bucht von Vlícho. Schön ist eine Wanderung von hier aus zum 3 km entfernten ★ »Wasserfall« in einer kleinen, engen Schlucht, der freilich nur bis etwa Mai auch Wasser führt. Am südlichen Ortsrand durchschneidet die Hauptstraße eine 1912 freigelegte Nekropole mit 33 Gräbern aus der frühen Bronzezeit, von denen allerdings nur noch einige wenige zu erkennen sind. Nidrí gegenüber liegt das Inselchen Madúri mit der klassizistischen Villa des lefkadischen Lyrikers Aristoteles Valaorítis (1824–1879).

Póros

★ ☼ Das Bergdorf im Süden der Insel lockt mit einer winzigen Platía, an der man in ursprünglichen Kaffeehäusern sitzen kann.

Santa Maura

Rund um die Festung auf der Festlandsseite des Kanals, der Léfkas von Akarnanien trennt, lag im Mittelalter die Inselhauptstadt. In ihrer heutigen Form stammt sie aus dem Jahre 1684.

Vassiliki

In diesem Dorf (370 Ew.) im Innern einer weiten, für Windsurfer idealen Bucht stehen noch einige vom Erdbeben 1953 verschonte alte Häuser. Die Uferfront wird von zahllosen Restaurants unter hohen Eukalyptusbäumen gesäumt; unmittelbar am Ortsrand beginnt ein kilometerlanger Sand-Kiesstrand. Vom Kai des Ortes aus fahren Badeboote zu den Sandstränden auf der Lefkáta-Halbinsel.

Vlícho

★ Vlícho liegt am innersten Ende einer Bucht und ist ringsum von grünen Hügeln umgeben. Am Ortsrand werden auf einer kleinen, traditionellen Werft noch Kaikis gebaut und repariert; von Vlícho aus führt eine schmale Straße auf die bewaldete Halbinsel Xerónisso mit vielen kleinen, schönen Stränden.

MUSEEN

Archäologisches Museum

Einraummuseum mit unspektakulären Funden aus Nidrí und Fotos von den Ausgrabungsarbeiten im Jahre 1912. Eine antike Urne ist noch mit der Asche des Verstorbenen gefüllt. *Lefkáda, Odos Faneromenis 21, Di–So 9–13 Uhr, Eintritt frei*

Folklore-Museum

Gezeigt werden Trachten und Werke der Volkskunst aus dem 19. und frühen 20. Jh. *Lefkáda, Odos Marinu 1, tgl. 18–20.30 Uhr, Eintritt frei*

Phonographisches Museum

Kleines Privatmuseum mit alten Radios, Plattenspielern und Schallplatten. Für die Vergangenheit der Insel aufschlußreicher sind alte Fotos und Gemälde. *Lefkáda, Odos Kagani 30, tgl. 11–13 und 18–23 Uhr, Eintritt frei*

ESSEN UND TRINKEN

Agrambeli

Musiktaverne mit griechischem Essen, die leider nur von Juli bis Anfang September geöffnet ist. *Lefkáda, Odos Panagu (gleich neben dem Hotel Lefkas), Kategorie 2*

Gelateria Melino

In diesem Eissalon an der Platía hat man die Wahl zwischen 24 verschiedenen Eissorten. Darunter sind auch solche Spezialitäten wie Yoghurteis mit Wildkirsche oder Eis mit Honig und Walnuß. Mutige probieren Kaímaki-Eis, das aus Schafsmilch hergestellt wird. *Lefkáda, Odos Derpfeld*

Lighthouse

Im windgeschützten Garten der Taverne sitzt man ruhig und kann griechische Spezialitäten genießen. *Lefkáda, Odos Filarmonikis 14, Kategorie 3*

EINKAUFEN

Panajotis Frangoulis

Dieses originelle Geschäft ist zugleich auch Destillerie. Der Ouzo und der Brandy sowie die verschiedenen Liköre, die man hier kaufen kann, werden im Laden selbst hergestellt, in Flaschen abgefüllt und verkorkt – und das schon seit 1945. *Lefkáda, Odos Mitropoleos 6*

Sideri

Wer gemalte Urlaubseindrücke mit nach Hause nehmen will, findet in dieser Bilderhandlung schöne Aquarelle mit lefkadischen Ansichten. *Lefkáda, Odos Dimarhou Verrioti 38*

HOTELS

Apollo

Kleines Hotel mit 32 Zimmern und blumenreicher Fassade im traditionellen Stil. *Vassilikí, Tel. 06 45/3 11 22, Kategorie 2*

Byzantio

⚹ Einfaches, sehr sauberes Hotel an der Fußgängerstraße Odos Derpfeld und der Uferstraße. Nur Etagenduschen und -WCs. *Lefkáda, Odos Derpfeld 4, Tel. 06 45/2 26 29, Kategorie 3*

Karia Village

Bestes Hotel abseits der Strände, ruhig am Dorfrand gelegen. Kleiner Swimmingpool. *Kariá, Tel. 06 45/4 10 30, Kategorie 2*

Lefkas

Bestes und größtes Hotel in der Inselhauptstadt, unmittelbar am Ansatz des Damms zum Festland gelegen. *Lefkáda, Odos Panagu 2, Tel. 06 45/2 39 16, Kategorie 2*

Porto Galini

Harmonisch in die Landschaft eingefügtes Hotel mit 52 großen Zimmern in 39 ein- und zweigeschoßigen Gebäuden oberhalb eines schmalen Kiesstrandes in sehr ruhiger Lage. Ausgezeichnet mit einem Preis für gute Hotelarchitektur. Großes Wassersportangebot. *4 km nördlich von Nidrí unterhalb der Küstenstraße. Maganá Nikianás, Tel. 0645/ 92431, Kategorie 1*

STRÄNDE

Die schönsten Inselstrände liegen auf der ★ Nehrung nördlich der Lagune, an der Bucht von Vassilikí und unterhalb von Athaní auf der Halbinsel Lefkáta. Gut, aber sehr stark besucht sind die Strände von Agios Nikítas und Káthisma an der nördlichen Westküste sowie von Póros 5 km unterhalb des gleichnamigen Dorfes an der Südküste. Weniger besucht ist der Kiesstrand von Mílos, den man ab Agios Nikítas nur zu Fuß (25 Min.) erreicht.

AM ABEND

Griechische Live-Musik in echt griechischen Musiklokalen kann man im *Lacoyn* an der Uferstraße in Lefkáda und im Fantasia in Nidrí an vielen Wochenenden ab etwa 23 Uhr hören. Manchmal tanzen dort die Gäste, doch eine Garantie für gute Unterhaltung gibt es nicht. Die Preise sind hoch (Flasche Whisky etwa 12 000 Drs.). Bei westlicher Musik sitzt man sehr viel preiswerter in der Music Bar *Karavi,* einer Art Hausboot, das am Kai in Höhe des Busbahnhofs in Lefkáda festgemacht ist.

AUSKUNFT

In den privaten Reisebüros in Lefkáda, Nidrí und Vassilikí.

ZIELE IN DER UMGEBUNG

Kálamos

◆ Die nur 24 Quadratkilometer kleine, aber bis zu 785 m hohe Insel (250 Ew.) ist nahezu autofrei. Tavernen gibt es im Haupt- und Hafenort Kálamos, kleine Kieselsteinstrände beim Weiler Episkopí. Regelmäßige Verbindungen bestehen mit Mítikas auf dem Festland; von Lefkáda aus werden im Sommer gelegentlich Ausflüge nach Kálamos angeboten. Übernachten kann man in wenigen Privatzimmern.

Kastós

◆ Der Inselwinzling (7 Quadratkilometer, 40 Ew.) ist völlig autofrei. Es gibt zwei Tavernen; einfachste Übernachtungsmöglichkeiten bestehen im Gemeindehaus des einzigen Inselortes, vom dem mehrere kleine Sandstrände zu Fuß erreichbar sind. Regelmäßige Fährverbindung besteht nur mit Mítikas auf dem Festland. Von Lefkáda aus werden im Sommer gelegentlich Bootsausflüge angeboten.

Meganíssi

★ Meganíssi (1300 Ew.) ist die größte der Inselchen zwischen Léfkas und dem Festland. Seine Bewohner verteilen sich auf drei Dörfer. Die mehrmals täglich zwischen Nidrí und der Insel verkehrenden Autofähren laufen zunächst den Hafen Pórto Spília mit kurzem Strand und Taverne an; danach den Haupthafen Vathí. Die Inselstraße führt von Vathí in etwa 15 Gehminuten zum Binnendorf Katoméri, in weiteren 60 Gehminuten ins besonders schöne Binnendorf Spartochóri und von dort in 10

Gehminuten zum Hafen Pórto Spília. Übernachtungen sind in Privatzimmern und im Hotel Meganisi *(Katoméri, Tel. 06 45/ 5 12 40, Kategorie 3)* möglich.

Nikopólis

★ Eindrucksvolle Überreste aus der Antike stehen nur 9 km von Préveza entfernt auf dem Festland. Von Léfkas aus sind sie bequem auch mit dem Linienbus zu erreichen. Der Ausflug lohnt selbst für archäologisch nur wenig Interessierte.

Nikópolis wurde 30 v.Chr. von Octavian, dem späteren römischen Kaiser Augustus, zur Erinnerung an seinen Seesieg über Antonius und Kleopatra gegründet und war bis ins 13. Jh. hinein besiedelt. Ihre Glanzzeit erlebte die Stadt in frühbyzantinischer Zeit in den Jahren zwischen etwa 500 und 600. Damals entstanden mehrere Basiliken, von denen noch Grundmauern, Steinmetzarbeiten und Mosaikfußböden erhalten sind. Am eindrucksvollsten ist jedoch die weitgehend noch in voller Höhe erhaltene byzantinische Stadtmauer mit ihren Toren und Türmen. Auch das Amphitheater zeugt trotz zerstörter Ränge von der Größe der einstigen Stadt. Im kleinen Grabungsmuseum am Rande der Doumetios-Basilika sind römische Skulpturen, Gläser und Münzen zu sehen. *Museum und Ausgrabungen liegen unmittelbar an der Hauptstraße von Préveza nach Arta. Ausgrabungen ständig frei zugänglich, Museum Di–So 9–15 Uhr. Linienbusse ab Préveza*

Préveza

✪ Préveza (15 000 Ew.) ist eine auf drei Seiten vom Meer umspülte Kleinstadt mit ein wenig orientalischem Flair. Sie liegt am Eingang zum Ambrakischen Golf, der sich von hier aus 35 km tief landeinwärts erstreckt. Auf der anderen Seite der Golföffnung kennzeichnet ein kleines Fort den Standort des antiken Aktion, das der Seeschlacht ihren Namen gab. Dieser Entscheidungskampf zwischen Antonius und Kleopatra einerseits und Octavian andrerseits fand 31 v.Chr. allerdings weit draußen auf dem offenem Meer statt.

Autofähren pendeln ständig zwischen Aktion und Préveza hin und her. In der Stadt lohnt vor allem ein Bummel durch die von vielerlei Geschäften flankierte Haupteinkaufsstraße und durch die kleine Markthalle. Viele Wohnhäuser aus dem 19. Jh. sind erhalten; in der Kirche Agios Athanássios sind noch Wandmalereien zu sehen. *Linienbusse von Lefkáda ins 21 km entfernte Préveza mehrmals täglich*

Skórpios

★ Die Privatinsel der Familie Onassis darf nicht betreten werden. Doch ein Blick vom Boot aus auf die Privatstrände und die Dächer der Häuser regt sicherlich die Phantasie an, sich vorzustellen, wie hier der Tankerkönig, erst Maria Callas und dann Jackie Onassis miteinander lebten und stritten.

Vónitsa

Die Kleinstadt (3800 Ew.) am Südufer des Ambrakischen Golfes wird von einer gut erhaltenen venezianisch-türkischen Burg überragt. *Linienbusse von Lefkáda ins 20 km entfernte Vónitsa mehrmals täglich; Burg frei zugänglich*

Die Blume der Levante

Eine Insel im Widerspruch zwischen Naturschutz und touristischer Entwicklung

Die Venezianer nannten ihre südlichste Besitzung im Ionischen Meer Fior di Levante, Blume der Levante. Sie schätzten die Fruchtbarkeit der Insel, ihre guten Weine, die liebliche Landschaft und die aristokratische Schönheit der Inselhauptstadt. Die Strände bedeuteten ihnen nichts.

Die Ausländer von heute kommen aber gerade der vielen guten Sandstrände wegen. Die schönsten von ihnen, die an der Bucht von Laganás, werden zugleich jedoch schon seit Menschengedenken von Meeresschildkröten zur Eiablage aufgesucht. Daraus ist nun in den achtziger Jahren ein Interessenkonflikt erwachsen, der zum Teil sogar mit brutaler Gewalt ausgefochten wird. Die einen wollen am Strand noch mehr Hotels, Apartments, Tavernen und Geschäfte errichten; die anderen wollen die gesamte Bucht zum Nationalpark erklärt wissen und

rufen zum Touristenboykott der Insel auf. Noch ist nichts endgültig entschieden. Doch je länger man wartet, desto aussichtsloser wird die Lage für die Schildkröten. Und da so lange nichts geschehen ist, kann man auch als Naturfreund die Lage der Hoteliers, Wirte und Landbesitzer verstehen, die nicht auf das verzichten wollen, was inzwischen ihre Lebensgrundlage bedeutet. Die Uhr läßt sich nicht zurückdrehen, Laganás dürfte als Heimat der Meeresschildkröten bald endgültig verloren sein.

Zákinthos wird für den Urlauber dennoch reizvoll bleiben. Das Zentrum der Hauptstadt wirkt mit seinen großen und kleinen Plätzen sehr großzügig; die langgestreckte Lage zwischen dem Meer und dem niedrigen Hügelzug von Bocháli sorgt dafür, daß der Ort nicht ausufern kann. Die bizarre Felsknolle auf dem Gipfel des 492 m hohen Skopós bildet einen markanten Fixpunkt am Horizont.

Die ganze Insel ist klar gegliedert. Entlang der West- und Ostküste verläuft jeweils ein Hügelzug. Im Osten ist er grün und

Die Hauptstadt der Insel Zákinthos liegt langgezogen zwischen Meer und Hügeln

79

niedrig, im Westen steigt er bis auf 756 m Höhe an. Die breite Ebene dazwischen wird landwirtschaftlich intensiv genutzt, in ihr liegen die meisten Inseldörfer. Dazwischen sind Landgüter eingestreut, die mit ihren ansehnlichen Portalen und langen Zufahrten an die Toskana und Venetien erinnern.

Ganz im Gegensatz zu dieser üppigen Fruchtbarkeit stehen weite Teile des Berglandes im Westen, in dem sich nur stellenweise Wälder oder Getreidefelder finden. Während die Ostküste auf weite Teile von einem schmalen Strandstreifen ge-

säumt ist, fällt die Küste im Westen fast durchweg steil und steinig direkt ins Meer ab. Nur an einigen Stellen sind ihr fast noch unberührte Sandstrände wie der Schiffswrack-Strand vorgelagert, die nur mit dem Boot erreicht werden können.

Die Zakinther gelten als besonders fröhliche Menschen. Sie feiern den Karneval intensiver als auf den anderen ionischen Inseln — und sie singen auch noch häufiger. Ihre typischen Lieder sind die italienisch anmutenden Kantades, die nichts gemein haben mit der stark vom Orient beeinflußten Volksmusik der ägäi-

MARCO-POLO-TIPS FÜR ZÁKINTHOS

1 Blaue Grotten
Ein Bad in einer schönen Höhle lockt die Besucher (Seite 81)

2 Schiffswrack-Strand
Mit dem Boot zu einem gestrandeten Schiff (Seite 83)

3 Zákinthos-Museum
Überblick über die Malkunst der Ionischen Inseln (Seite 85)

4 Bocháli
Ein Pinienhain in mittelalterlichen Mauern und ein grandioses Panorama (Seite 81)

5 Pension und Taverne Apeláti
Nicht weit vom Strand ganz ruhig inmitten von Ölbäumen und Weingärten schlafen und speisen (Seite 86)

6 Tavernen Aladdin und Arekia
Musiklokale, wo man an jedem Abend echt zakinthische Kantádes live hören kann (Seite 86)

7 Gíri und Lúcha
Zwei altertümliche Dörfer abseits der Touristenpfade (Seite 81 und Seite 83)

8 Hotel Pórto Koúkla
Ein ländliches Idyll direkt am Strand beim singenden Wirt wohnen (Seite 86)

9 O Pílos
Die Galerie einer Keramikerin, die auch Kurse auf der Insel gibt (Seite 86)

10 Olympia
Griechisches Heiligtum und Ursprungsort der Olympischen Spiele (Seite 87)

schen und der Festlandsgriechen. Kantades kann man auch als Fremder kennenlernen: Im Sommer werden sie in einer Reihe von Tavernen an jedem Abend gesungen.

BESICHTIGUNGEN UND ORTE

Ágios Nikólaos/Skinári

Der kleine Badeort ist Ausgangspunkt für Bootsfahrten zu den Blauen Grotten. Hier legen auch die Fähren aus Pessáda/Kefalliniá an. (C 6)

Alikés

Am Rande des weitläufigen Badeortes wird in Salinen seit dem Mittelalter Salz gewonnen. Links der Straße nach Áno Gerakári ist noch eine Brücke aus venezianischer Zeit erhalten. (C 6)

Áno Gerakári

Am höchsten Punkt des Binnendorfes bietet der Vorhof der Kirche Ágios Nikólaos einen sehr guten Blick über die Insel. (C 6)

Argássi

Unmittelbar am Strand dieses besonders bei Briten beliebten Badeorts steht gleich östlich vom Hotel Zakantha Beach eine heute funktionslose Brücke aus venezianischer Zeit. (D 6)

Blaue Grotten

★ Die Blauen Grotten von Zákinthos stehen ihren Namensvettern auf Capri etwa in nichts nach. Vorbei an natürlichen Felsentoren und bizarren Küstenformationen fährt man mit dem Boot in die Höhlen hinein und kann dort im glasklaren, blau und türkis schimmernden Wasser schwimmen. (C 6)

Bocháli

★ ⚜ Das Dorf hoch oberhalb der Inselhauptstadt ist ein ideales Ziel für den späten Nachmittag und frühen Abend. Man übersieht die ganze Stadt und den Hafen, hat einen schönen Blick auf die Skopós-Halbinsel, kann in schattigen Tavernen essen und dort an Hochsommerabenden zakinthischen Kantades lauschen. Wer früh genug kommt, kann zuvor auch noch den Pinienhain genießen, der fast die gesamte venezianische Festung Bocháli einnimmt. (C 6) *Festung Di–So 8.30–15 Uhr, Eintritt 200 Drs.*

Gíri

★ ✸ Das höchstgelegene Inseldorf ist ein besonders schöner und ursprünglicher Ort. In seiner Umgebung zeugen einige Windmühlenstümpfe und alte Dreschplätze vom früher hier intensiv betriebenen Getreideanbau. Das Erdbeben von 1953 hat in Gíri kaum Schäden angerichtet. Im kleinen Kafeníon im Innenhof eines Bauernhauses kann man zakinthisches Familienleben kennenlernen. (C 6)

Kambí

⚜ Kambí ist ein Dorf, das Urlauber gern aufsuchen, um den Sonnenuntergang und die Steilküste zu erleben. Ein großes Kreuz an dieser Steilküste erinnert daran, daß hier 1944 während des griechischen Bürgerkrieges eine unbekannte Zahl linker Partisanen von ihren rechten Gegnern ins Meer gestürzt wurde. An der Straße vom Dorf hinauf zum Kreuz liegen links der Straße, nur durch ein winziges, griechisch beschriftetes

Schild markiert, einige frei zugängliche Gräber aus mykenischer Zeit. (C 6)

Kerí

Kerí ist ein Bergdorf im Südwesten der Insel mit schöner, kleiner Platía. Zur Gemeinde gehört die kleine Hafensiedlung Límni Keriú. In deren flachem Hinterland liegen versteckt zwischen dichtem Schilf kleine Tümpel, auf deren Grund Pech aus der Erde quillt, das mit Zweigen aus dem Wasser gefischt werden kann. Von der Antike bis in unser Jahrhundert hinein wurde es insbesondere zum Kalfatern von Booten benutzt. Am kurzen Sandstrand von Límni Keriú kann man baden; stündlich starten vom Hafen aus Bootsfahrten entlang der Steilküste zu den Meeresgrotten von Kerí. (C 6)

Kloster Ágios Georgíu Kremnón

Das einsam in einem Wald nahe der Steilküste gelegene Kloster gleicht einer Festung. Bis vor kurzem lebte hier noch ein einziger Mönch, jetzt ist das Kloster völlig verwaist. Hinter den hohen Mauern verbergen sich ein wehrhafter Fliehturm aus dem 16. Jh. und die schöne im 18. Jh. barock ausgestattete Klosterkirche. (C 6)

Kloster Anafonitría

Das nicht mehr bewohnte Kloster am Rande des gleichnamigen Dorfes betritt man durch einen massiven Torturm aus dem 15. Jh., an dem sich Kapernsträucher emporranken. Die Klosterkirche mit Fresken aus dem 17. Jh. ist gut erhalten; zu erkennen sind auch noch der alte Backofen und die Olivenpresse der Mönche. In diesem Kloster verbrachte der Inselheilige Dioníssios seine letzten Lebensjahre als Abt. In dieser Zeit bewies er wahrhaft christliche Nächstenliebe: er bot dem Mörder seines Bruders im Kloster Asyl. (C 6)

Kloster Iperagáthu Siná

Das völlig einsam und verlassen am Rande einer kleinen Hochebene gelegene, 1608 gegründete Kloster gehört zum Besitz des Katherinenklosters auf dem Berg Sinai. (C 6)

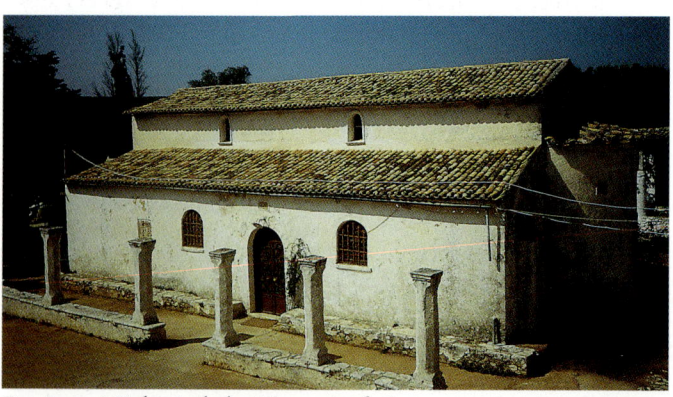

Bot einem Mörder Asyl: das Kloster Anafonitría

Langanás

Der mit dem benachbarten Kalamáki zusammenwachsende, bedeutendste Urlaubsort der Insel liegt nahe der Einflugschneise des Flughafens; wer sich an seinem schönen Sandstrand sonnt, gefährdet den Fortbestand der Meeresschildkröten von der Art Caretta carreta. Viele deutsche Reiseveranstalter haben Langanás darum aus ihrem Programm gestrichen. Dennoch wuchert die Siedlung immer weiter am Strand entlang und immer tiefer ins Hinterland hinein. (D 6)

Lúcha

★ Das am Rande eines Hochtals gelegene, nur noch von wenigen alten Menschen bewohnte Dorf ist weder durch das Erdbeben von 1953 noch durch Neubauten in späterer Zeit betroffen worden. Hier kann man deshalb noch erkennen, wie zakinthische Dörfer vor 50 und mehr Jahren aussahen. (C 6)

Macherádo

Die Kirche Agía Mávra im großen Binnendorf Macherádo ist das bedeutendste Wallfahrtsziel der Insel. Der Ikone der Heiligen aus dem 16. Jh., die im 19. Jh. mit einem Mantel aus getriebenem Silber bedeckt wurde, wird Wunderkraft zugesprochen.

Oberhalb des Dorfes steht links der Straße nach Kilioméno das 1961 gegründete Nonnenkloster Panagía i Eleftherótria. Die Klosterkirche ist mit schönen Fresken byzantinischer Manier ausgemalt; in einem Nebenraum zeigt einem eine Nonne Steine von vielen Schauplätzen der biblischen Geschichte wie dem See Tiberias und dem Haus

Mariens in Nazareth. Die erste Äbtissin des Klosters hat sie auf ihren Reisen eigenhändig zusammengetragen. (C 6) *Kloster: tgl. 8—12 und 16—19 Uhr*

Ormos Vromí

In der kleinen, schlauchförmigen Bucht an der westlichen Steilküste liegen Fischerboote, die Interessenten auch die Küste entlang zum nur von See aus zugänglichen Schiffswrack-Strand bringen, auf dem ein gestrandeter kleiner Frachter liegt. (C 6)

Pórto Limnióna

Der schmale Fjord an der Westküste ist Ausgangspunkt für Bootsausflüge zu Meereshöhlen und schönen, nur von See aus zugänglichen Sandstränden. (C 6)

Schiffswrack-Strand

★ Ein Plakat mit dem Foto dieses Strandes gehört zur Griechenlandwerbung überall auf der Welt. Der nur von See her zugängliche Strand säumt eine ruhige Bucht tief unterhalb einer hohen Steilküste — und mitten auf dem Strand liegt ein in den siebziger Jahren gestrandeter Frachter, der wohl nie geborgen werden wird. Man kann von der Órmos Vromí aus mit dem Boot zum Schiffswrack-Strand gelangen; das Traumfoto jedoch schießt man vom Rand der Steilküste aus. Dazu fährt man vom Kloster Ágios Georgíu Kremnón aus auf der guten Erdstraße weiter in nördliche Richtung, biegt nach 200 m nach links ab und hält nach 1200 m auf einem improvisierten Parkplatz. Von dort aus führt ein schmaler Pfad zu Fuß in wenigen Minuten zu der Stelle, von der aus der Blick auf den Schiffswrack-Strand am fotogensten ist. (C 6)

Skopós-Halbinsel

Die Halbinsel im Südosten der Inselhauptstadt ist nach dem eigenwillig geformten Berg Skopós (492 m) benannt, der sie überragt. Der Norden der Halbinsel wird von vielen kleinen Buchten mit kleinen Sand- und Kiessträndchen gesäumt, an denen erst wenige Hotels und Apartmenthäuser stehen. Der Süden der Halbinsel säumt mit kilometerlangen Sandstränden die Bucht von Langanás. Die Strände gehören jedoch auch zum Eiablagegebiet der Karettschildkröten und sollten deshalb gemieden werden. (C 6)

Tsiliví

Der aufstrebende Badeort mit seinen schmalen, aber schönen und kinderfreundlichen Sand- und Kiessträndchen ist eine gute Alternative für Urlauber, die Rücksicht auf die Meeresschildkröten nehmen möchten. (D 6)

Vólimes

◉ Das weitläufige Bergdorf im Norden der Insel gleicht im Sommer einem großen Markt. Überall am Straßenrand werden hier bestickte und anderweitig verzierte Decken und Tücher als »echte Handarbeiten« angeboten. Die wenigsten davon sind allerdings das Werk zakinthischer Frauen – die Ware stammt größtenteils aus festländischen Werkstätten und ist keineswegs handgearbeitet. (C 6)

Zákinthos-Stadt

Nach dem schweren Erdbeben von 1953 mußte die Stadt Zákinthos völlig neu erbaut werden. Erfreulicherweise ist das Ergebnis keine gräßliche Stadt im Stil der fünfziger Jahre geworden, sondern eine gute Mischung aus historischen Rekonstruktionen und gefälligen Neubauten. Sehenswürdigkeiten von Rang sind zwar nur die Museen, doch gibt es auch einige interessante Kirchen. An der großen Platía Solomú steht direkt am Ufer die Kapelle des Schutzheiligen der Seeleute, Ágios Nikólaos, 1560 von der Fischergilde der Stadt gestiftet. An der Platía Agíu Márku mit ihren vielen Cafés erhebt sich neben dem Solomós-Museum die Kirche San Marcus, in der im Sommer an jedem Sonntag um 19 Uhr eine römisch-katholische Messe gelesen wird. Das Gemälde über dem Altar wird Tizian oder einem seiner Schüler zugesprochen.

Geht man von der Platía Agíu Márku einige Schritte in östliche Richtung, stößt man auf die Mitrópolis, die Bischofskirche der Stadt. Sie ist vollständig mit Wandmalereien im traditionellen byzantinischen Stil ausgestattet.

Wenn man dann von der Mitrópolis in Richtung Meer weitergeht und gleich an der ersten Kreuzung nach links einbiegt, sieht man auf der rechten Seite das sehr schöne Portal der Kirche Kiría ton Angelon aus dem Jahr 1687. Sie wurde von der Gilde der Barbiere gestiftet.

Am westlichen Ende der Uferstraße steht schließlich die größte und bedeutendste Kirche der Stadt, dem Inselheiligen Dioníssios geweiht. Auch sie wurde in den achtziger Jahren vollständig im traditionellen byzantinischen

Stil ausgemalt. Ein Teil der Fresken zeigt Szenen aus dem Leben und Wirken des Heiligen, der 1547 auf Zákinthos geboren wurde und hier 1622 starb. Von besonderer Schönheit sind die 1990 entstandenen Fresken an der Westwand der Kirche, die in an Rousseau erinnernder Frische die Schöpfungsgeschichte darstellen.

Besonders verehrt werden die in einem silbernen Sarkophag ruhenden Gebeine des Inselheiligen. Der prunkvolle Sarkophag steht in der Seitenkapelle rechts vom Altarraum. (D 6) *Tgl. 7–13 und 16–20 Uhr*

MUSEEN

Bibliothek

In der Stadtbibliothek hängen zahlreiche äußerst eindrucksvolle Fotos, die Zákinthos kurz vor und nach dem Erdbeben von 1953 zeigen. *Mo-Sa 7–14.30 Uhr, Eintritt frei, Zákinthos-Stadt, Platia Solomu*

Solomós-Museum

Der bedeutendste Dichter der Ionischen Inseln, Dioníssios Solomós (1798–1857) und sein Dichterkollege Andréas Kálvos (1792–1869) sind im Erdgeschoß beigesetzt. Solomós verhalf mit seinen Werken, zu denen auch der Text der griechischen Nationalhymne gehört, der griechischen Volkssprache zur literarischen Anerkennung. Im Obergeschoß des Museums sind seine Werke und Erinnerungsstücke an den Dichter ausgestellt. *Tgl. 9–14 und im Hochsommer auch 18–20 Uhr, Eintritt frei, Platía Agiu Marku, Zakinthos-Stadt*

Zákinthos-Museum

★ Das Museum gibt einen ausführlichen Überblick über die Geschichte der Malerei auf den Ionischen Inseln und insbesondere über die Werke der sogenannten »Ionischen Schule« des 17.–19. Jhs., die stark von der italienischen Malerei beeinflußt war. Ein Reliefmodell und historische Fotos zeigen die Stadt vor dem Erdbeben von 1953. *Di-So 8.30–14.30 Uhr, Eintritt 400 Drs. Platia Solomu, Zákinthos-Stadt*

RESTAURANTS

Hayati

Das erste vegetarische Restaurant der Ionischen Inseln wird von jungen, bärtigen Leuten betrieben, die ihre köstlichen Gerichte auf einer schattigen Terrasse servieren. *Laganás, an der Hauptstraße in die Stadt in der Nähe der Abzweigung nach Kalamáki, Kategorie 3*

I Orea Ellas

Sehr einfache Taverne mit einem großen Garten in eine Seitengasse der Uferstraße. *Zákinthos-Stadt, Odos Ag. Ioan. Logotheton, Kategorie 3*

Prince of India

Ein ausgezeichnetes indisches Restaurant wartet in Laganás auf Liebhaber exotischer Speisen, die die Meisterschaft des indischen Kochs zu schätzen wissen. *Tgl. ab 17 Uhr, Laganás, an der Straße nach Kalamáki, Kategorie 1*

Tyler's Place

Wer einmal richtig kräftig frühstücken will, kann in diesem Pub an der Uferstraße bis zum frühen Nachmittag ein echt englisches Frühstück mit Eiern und Speck, Tomate und Baked Beans ordern. Wer es mag, bekommt den ganzen Tag über auch britische Besonderheiten wie Shepherd's Pie und Fish and chips. Dazu auf Wunsch Cider und englische Biere. *Zákinthos-Stadt, an der Uferstraße Richtung Dioníssios-Kirche, Kategorie 2*

EINKAUFEN

O Pilos

★ Die norwegische Keramikerin Hanne Mi Kabioti Sauge lebt und arbeitet schon lange auf Zákinthos. Sie schafft und verkauft nicht nur Gebrauchs- und Zierkeramik, sondern veranstaltet auch Keramikkurse in ihrer Werkstatt in der Stadt Zákinthos. Unterrichtssprachen sind Griechisch, Norwegisch und Englisch. Auskünfte über Preise und Termine erhält man in ihrer Galerie O Pílos. *Zákinthos-Stadt, Odos El. Venizelou (gegenüber der Agricultural Bank), Tel. 06 95/ 2 80 38 (ab 20 Uhr)*

HOTELS

Apeláti

★ Auf einer kleinen Hochebene im Südwesten der Insel steht inmitten von Weingärten und Olivenbäumen in ländlicher Ruhe ein modernes Haus, das Restaurant und preisgünstige Pension zugleich ist. Der sehr freundliche Inhaber, Kóstas Livéris, vermietet neun moderne Zimmer mit Bad; in der Küche bereiten die Frauen der Familie gute Hausmannskost zu. *Kéri, abseits der Hauptstraße von Límni Keríu nach Kéri, Tel. 06 95/3 33 24 und 3 32 22, Kategorie 3*

Bitzaro

Kleines, familiär geführtes Stadthotel gegenüber dem Strandbad. *Zákinthos-Stadt, Odos D. Róma 46, Tel. 06 95/2 36 44, Kategorie 3*

Palatino

Angenehmes, recht ruhig gelegenes, 1991 eröffnetes Stadthotel auf der Höhe des Strandbades. *Zákinthos-Stadt, Odos Kolokotroni 10, Tel. 06 95/2 54 00, Kategorie 2*

Pórto Koúkla Beach

★ Kleines Hotel im Grünen mit sangesfreudigem Wirt, direkt an einem schmalen, langen Sandstrand südlich des Inselchens Agios Sóstis. Schildkröten werden an diesem Strand nicht gefährdet. *Lithákia, Zufahrt von der 3 km entfernten Straße Laganás – Kéri aus beschildert, Tel. 06 95/5 15 77 und 5 15 21, Kategorie 2*

Tsilivi

Ruhig gelegenes Hotel an einem 2 km langen Sandstrand, 5 km außerhalb der Stadt. Pool und Kinderbecken. *Plános, Tel. 06 95/ 2 31 09, Kategorie 3*

AM ABEND

★ Zakinthische Kantádes muß man einmal gehört haben. Zwei unmittelbar nebeneinander liegende Speiselokale an der Uferstraße im Stadtteil Krionéri im Norden von Zákinthos-Stadt bieten sich dafür an. Die Musik beginnt jeweils gegen 22 Uhr. Das große *Aladdin* ist nüchternmodern eingerichtet und wird vor allem von Einheimischen besucht. An warmen Abenden kann man hier auch auf der Terrasse sitzen. Das *Arekia* gleicht mehr einer Taverne; die Wände sind folkloristisch dekoriert. Hier trifft man vor Mitternacht viele Touristen an; trotzdem ist die Atmosphäre angenehm.

Griechische Tänze zeigen in Trachten gekleidete Einheimische allabendlich in der Großtaverne *Sarakína* in 2 km Entfernung von Laganás. Für Kinder gibt es einen Spielplatz; wer will, kann später am Abend auch mittanzen. Vom Zentrum in Laganás wird ein kostenloser Busservice zur Taverne geboten. *Sarakína: tgl. ab 18.30 Uhr, Pantokrátoras, Malliás, Kategorie 1; Aladdin und Arekía: Zákinthos-Stadt, Odos Krionéri 68 und 86, Kategorie 1*

AUSKUNFT

Touristenpolizei
Zákinthos-Stadt, Odos Venizelu, Tel. 06 95/2 25 50

Fährverbindungen
Ganzjährig verkehren mehrmals täglich Autofähren zwischen Zákinthos-Stadt und Killíni/Peloponnes. Von Mai bis Oktober verkehrt außerdem zweimal täglich eine Autofähre zwischen Ágios Nikólaos-Skinári und Pessáda/Kefalliniá.

NACHBARINSELN

Kíthira
Die 278 qkm große, von 3500 Menschen bewohnte Insel in der Ägäis gehört geographisch zum Peloponnes und verwaltungsmäßig zu Attika. Aus historischen Gründen wird Kíthira manchmal noch zu den Ionischen Inseln gezählt, weil es in venezianischer und britischer Zeit von Korfu aus mitverwaltet wurde. Direkte Verkehrsverbindungen zwischen Zakinthos und Kíthira gibt es nicht; die Reise per Schiff, Linienbus und wieder Schiff dorthin nimmt einen ganzen Tag in Anspruch; wer fliegen will, muß in Athen umsteigen.

Der schönste Ort der Insel ist Chóra mit einer venezianischen Burg und vielen alten Häusern. Die Briten ließen beim Dorf Katúni ein eindrucksvolles Viadukt erbauen. Im Dorf Milopótamos sind die Wasserfälle bemerkenswert; das schönste Kloster der Insel heißt Mirtidión. Eine schöne Wanderung führt durch die Langáda-Schlucht bei Agía Pelagía; die besten Strände findet man in Kapsáli unterhalb der Chóra und bei Agía Pelagía. Als Unterkunft ist das kleine Hotel Margerita am Rande der Inselhauptstadt zu empfehlen. *Hotel Margerita, Chóra, kein Telefon, Kategorie 3*

Strofaden
45 und 55 km südlich von Zákinthos liegen die beiden nur 15 m hoch aus dem Meer ragenden, unbewohnten Felseilande Arpía und Stamfáni. Auf der nördlichen Insel, Arpía, stehen die Überreste eines bis zum Zweiten Weltkrieg noch bewohnten Klosters. In jedem Frühjahr und Herbst sind die Inseln Schauplatz eines großen Singvogelmordens: Leidenschaftliche Jäger aus Athen lassen sich dann per Hubschrauber oder Charterboot herbringen, um Zehntausende von Zugvögeln zu töten, darunter auch viele streng geschützte Arten. (O)

Ausflug nach Olympia
★ Der Ursprungsort der Olympischen Spiele, ein großes Dorf auf dem Peloponnes, ist von Zá-

kinthos aus bequem auf einem Tagesausflug zu erreichen. Man kann ihn als Schiffs-Bus-Tour im Reisebüro buchen oder auch mit dem eigenen Wagen unternehmen. Von Zákinthos bis zum Fährhafen Killíni ist man 90 Minuten unterwegs; von dort bis Olympia sind es noch 75 gut ausgebaute Straßenkilometer.

Das alte griechische Heiligtum von Olympia liegt eingebettet zwischen niedrigen grünen Hügeln. Deutsche und griechische Ausgrabungen haben viele eindrucksvolle Überreste antiker Bauten sakraler wie auch profaner Art ans Licht gebracht. Hier fanden über 1100 Jahre lang die Olympischen Spiele statt. Bezeugt sind sie ab 776 v.Chr., kurz vor 400 n.Chr. wurden sie zum letzten Mal ausgetragen.

Die eindrucksvollsten Monumente im Ausgrabungsgelände sind das antike Stadion, der mächtige Tempel des Zeus und der altertümliche Hera-Tempel sowie die Überreste der Palästra und eines römischen Gästehauses. Im modernen Museum sind zahlreiche Funde aus dem Ausgrabungsgebiet ausgestellt. *Mo bis Fr 8–19 Uhr, Sa/So 8.30–15 Uhr, Eintritt für Ausgrabungen und Museum je 1000 Drs. Sonntags freier Eintritt*

Östliche Säulenreihe der Palästra in Olympia

Von Auskunft bis Zoll

Hier finden Sie kurzgefaßt die wichtigsten Adressen und Informationen für Ihre Inselreise

AUSKUNFT

Griechische Zentrale für Fremdenverkehr
Neue Mainzer Str. 22, 6000 Frankfurt/Main, Tel. 0 69/23 65 61-63
Wittenbergplatz 3a, 1000 Berlin 30, (Eröffnung geplant)
Abteistr. 33, 2000 Hamburg 13, Tel. 0 40/45 44 98
Pacellistr. 2, 8000 München 2, Tel. 0 89/22 20 35-6
Opernring 8, 1015 Wien, Tel. 02 22/52 53 17
Löwenstr. 25, 8001 Zürich, Tel. 01/2 21 01 05

ARZT

Eine medizinische Grundversorgung ist auf allen größeren Inseln gewährleistet. Die Ärzte sind gut ausgebildet, es mangelt jedoch an apparativen Hilfen. Bei ernsthaften Verletzungen oder Erkrankungen empfiehlt sich daher eine frühzeitige Heimreise, deren Kosten durch eine Versicherung gedeckt sein sollten.

Zwischen Deutschland und Griechenland besteht ein Sozialversicherungsabkommen, man kann sich auf den Inseln also auch auf Krankenschein behandeln lassen. Die Umtauschprozedur des deutschen Auslandskrankenscheins in einen griechischen Krankenschein ist jedoch umständlich; in der Regel zahlt man daher besser bar. Auch deswegen empfiehlt sich der Abschluß einer privaten Auslandskrankenversicherung für die Urlaubsdauer.

Apotheken gibt es in den größeren Inselorten; auf kleineren Inseln hält der Arzt Medikamente für den Notfall bereit.

AUTO

Für die Einreise mit dem eigenen Wagen genügen nationaler Führer-und Kraftfahrzeugschein; die Mitnahme der Internationalen Grünen Versicherungskarte wird empfohlen. Auf den Inseln ist das Tankstellennetz dicht, bleifreies Benzin ist vorhanden. Das Anlegen von Sicherheitsgurten ist für Fahrer und Beifahrer vorgeschrieben. Zulässige Höchstgeschwindigkeit in Städten 50 km/h, auf Landstraßen 80 km/h.

BANKEN

Griechische Währungseinheit ist die Drachme. Es gibt Banknoten zu 5000, 1000, 500, 100 und 50 Drs., Münzen zu 100, 50, 20, 10, 5, selten 1 und 2 Drs.

Der Umtausch von Bargeld und die Einlösung von Euroschecks (Höchstsumme pro Scheck 35 000 Drs.) sowie Reiseschecks sind bei allen Banken und Postämtern möglich. Banken sind normalerweise Mo bis Do von 8−14 Uhr und Fr von 8−13.30 Uhr, Postämter Mo−Fr von 7−15 Uhr geöffnet; in Touristikzentren manchmal auch am Nachmittag sowie am Samstagmorgen.

Der Wechselkurs ist in Griechenland immer günstiger als bei uns. Die Einfuhr von Drachmen ist auf 100 000, die Ausfuhr auf 20 000 Drs. beschränkt.

Abhebungen vom Postsparbuch sind nicht möglich. Bei den Vertragsbanken der Kreditkartenunternehmen kann überall Bargeld gegen Vorlage der Karte abgehoben werden.

BOTSCHAFTEN UND KONSULATE

Deutsche Botschaft
Odós Karaolí ke Dimitríu 3, Athen, Tel. 01/72 48 01

Deutsches Konsulat
Leofóros Alexándras 11, Korfu-Stadt, Tel. 06 61/3 14 53

Österreichische Botschaft
Leofóros Alexándras 26, Athen, Tel. 01/8 21 10 36

Schweizer Botschaft
Odós Jassíu 2, Athen, Tel. 73 03 64

BUSSE

Linienbusse verkehren auf fast allen Ionischen Inseln. Die Fahrpreise sind niedrig. Fahrkarten verkauft der Schaffner im Bus.

CAMPING

Wildes Zelten ist verboten, an einsamen Stränden aber üblich. Auf vielen Inseln sind offizielle Campingplätze vorhanden, die meist nur zwischen Mai und Sept. geöffnet haben.

EINREISE

Zur Einreise genügt ein gültiger Personalausweis. Kinder unter 16 Jahren müssen im Paß eines mitreisenden Elternteils eingetragen sein oder benötigen einen Kinderausweis.

FKK

Oben-ohne wird aber überall akzeptiert, auch an Hotel-Pools. Völlig nackt baden sollte man nur an einsamen Stränden.

FLUGVERKEHR

Flughäfen besitzen die Inseln Korfu, Kefaliniá und Zákinthos; Lefkas-Stadt ist über den Flughafen Préveza auf dem Festland bequem zu erreichen. Querverbindungen zwischen den Inseln bestehen nicht. Von Athen aus werden alle Inseln mit Flughafen im Sommer täglich angeflogen.

FOTOGRAFIEREN UND FILMEN

Filmvorräte sollten mitgebracht werden, da Filme auf den Inseln teuer sind und die Auswahl gering ist. Auf den größeren Inseln gibt es viele Fotogeschäfte, die binnen einer Stunde Farbfilme entwickeln und Abzüge liefern.

FREIER EINTRITT

Sonntags ist der Eintritt zu allen archäologischen Stätten und staatlichen Museen frei.

JUGENDHERBERGEN

Eine Jugendherberge gibt es nur auf Korfu und zwar in Kontokáli, 7 km nördlich der Stadt.

KLIMA – REISEZEIT

Die Ionischen Inseln eignen sich nur im Sommerhalbjahr als Urlaubsziel. Da sie fast alle sehr stark vom Tourismus abhängen, sind zwischen Mitte Oktober und April viele Geschäfte, Restaurants und Hotels außerhalb der Inselhauptstädte geschlossen, wirken die Inseln in dieser Zeit fast geisterhaft leer. Die Verkehrsverbindungen sind in dieser Zeit stark eingeschränkt, das Wetter kann durch Stürme und Regenfälle auch äußerst ungemütlich werden.

Wer sich an all dem nicht stört, kann im April und Mai auf den Inseln die schönste Blütenpracht erleben. Auch im Juni blüht noch viel. Von Juli bis Sept. fällt so gut wie kein Regen, Blumen und Felder verdorren. Erst ab Ende Okt. sprießt dann wieder frisches Grün.

MIETFAHRZEUGE

Auf nahezu allen Ionischen Inseln werden Mopeds, Motorräder und Autos vermietet. Mo-

peds und Motorräder sind häufig in schlechtem Zustand; ungeübte Fahrer verursachen viele Unfälle. Mietwagen werden von zahlreichen Unternehmen angeboten. Der Fahrer muß mindestens 21 Jahre alt sein, der nationale Führerschein genügt.

POST – TELEFON

Post und Telefon sind in Griechenland zwei getrennte Organisationen. Postämter gibt es in allen Städten und auf fast allen Inseln; sie sind Mo–Fr von 7–15 Uhr geöffnet. Das Porto für eine Postkarte nach Deutschland kostet 90 Drs.

Die Telefongesellschaft OTE ist auch für die Annahme von Telegrammen zuständig. Büros findet man in allen Städten und in vielen größeren Dörfern; auf kleinen Inseln und in kleinen Dörfern befindet sich das offizielle OTE-Telefon in Krämerläden oder Kaffeehäusern. Die Öffnungszeiten sind von Ort zu Ort unterschiedlich. Telefonzellen sind für Telefongespräche nicht zu empfehlen; von Hotels und Reisebüros aus sind Telefonate erheblich teurer als von OTE-Büros und Agenturen aus.

Vorwahlnummern:
Bundesrepublik Deutschland: 00 49
Österreich: 00 43;
Schweiz: 00 41
anschließend Vorwahl der gewünschten Stadt ohne die Null.

SCHIFFSVERKEHR

Die Ionischen Inseln sind untereinander nur unzureichend durch lokale Fährschiffe verbunden. Um von einer Insel zur anderen zu kommen, kann es notwendig werden, Festlandshäfen anzulaufen und Zwischenstrekken auf dem Festland zurückzulegen. Dies trifft insbesondere auf die Verbindung zwischen Korfu oder Paxi und Lefkas zu. Nähere Angaben finden Sie bei den einzelnen Inseln.

SPRACHE

Die Griechen sind stolz auf ihre eigene Schrift, die von keinem anderen Volk der Welt geschrieben wird (die Slawen benutzen das nur teilweise ähnliche kyrillische Alphabet). Für Aufschriften wird inzwischen häufig zusätzlich unsere lateinische Schrift verwendet. Trotzdem ist es hilfreich, die griechischen Buchstaben zu kennen.

Wie gibt man griechische Wörter in Lateinschrift wieder? Bis heute hat sich kein einheitliches System durchsetzen können. Wer nach Griechenland fährt, muß damit leben, daß ihm ein Wort in verschiedenen Schreibweisen begegnet. Im Text dieses Führers finden Sie die Worte in der Form, die am Ort selbst üblich ist und der Aussprache nahe kommt.

Die richtige Betonung ist für das Verstandenwerden sehr wichtig. Deswegen tragen die griechische Worte auf der zu betonenden Silbe einen Akzent. Sie fehlen in diesem Reiseführer bei eingedeutschten Namen wie Athen oder Korinth und bei Straßennamen. Die Namen von Hotels und Tavernen sind nicht so umschrieben, wie man sie ausspricht, sondern so wiedergegeben, wie man sie auch auf Hinweisschildern findet.

Zehn Wörter sollte man als Besucher kennen:
bitte = *parakaló*; danke = *efcharistó*; ja = *nä*; nein = *óchi*; Guten Tag = *kalí méra*; Guten Abend = *kalí spéra*; Gute Nacht = *kalí níchta*; okay = *endáxi*; Prost = *jámas*; Auf Wiedersehen = *Adíosas*; gut = *kaló*

STROMSPANNUNG

220 Volt Wechselstrom. Zweipunktsteckdosen wie bei uns.

TAXI

Taxis sind auf allen Inseln reichlich vorhanden. Nur in den größeren Städten wie Korfu sind sie mit Taxametern ausgerüstet. In allen anderen Fällen wird das Taxi als *Agoréon* bezeichnet, dessen Fahrer den Preis nach Kilometern berechnet. Eine Entfernungs- und Preistabelle muß in jedem *Agoréon* ausliegen.

TIERE

Hundehalter benötigen für ihr Tier ein auf englisch ausgefertigtes amtstierärztliches Gesundheitszeugnis (nicht älter als 14 Tage) und eine gültige Tollwut-Impfbescheinigung (nicht älter als 12 Monate).

TRINKGELD

Wie bei uns; Beträge unter 50 Drs. sind beleidigend.

ZEIT

In Griechenland ist es ganzjährig, auch während der Sommerzeit, eine Stunde später als bei uns.

Internationale Zeitungen und Zeitschriften sind in allen Urlaubszentren erhältlich, meist jedoch mit einem oder zwei Tagen Verspätung. Immer aktuell ist die auf größeren Inseln erhältliche englischsprachige griechische Tageszeitung »Athens News«.

ZOLL

Ab 1. Januar 1993 bekommen auch die Touristen die Segnungen des europäischen Binnenmarktes zu spüren. Innerhalb der Europäischen Gemeinschaft gibt es dann für Privatreisende (nicht für Gewerbetreibende) keine Zollgrenzen mehr. Das heißt, daß der Tourist alle Waren, die er für seinen persönlichen Verbrauch eingekauft hat, ohne weiteres mit in sein Heimatland nehmen darf. Daß der Begriff »persönlicher Verbrauch« natürlich auch zu gewissen »Obergrenzen« führt, leuchtet jedem ein.

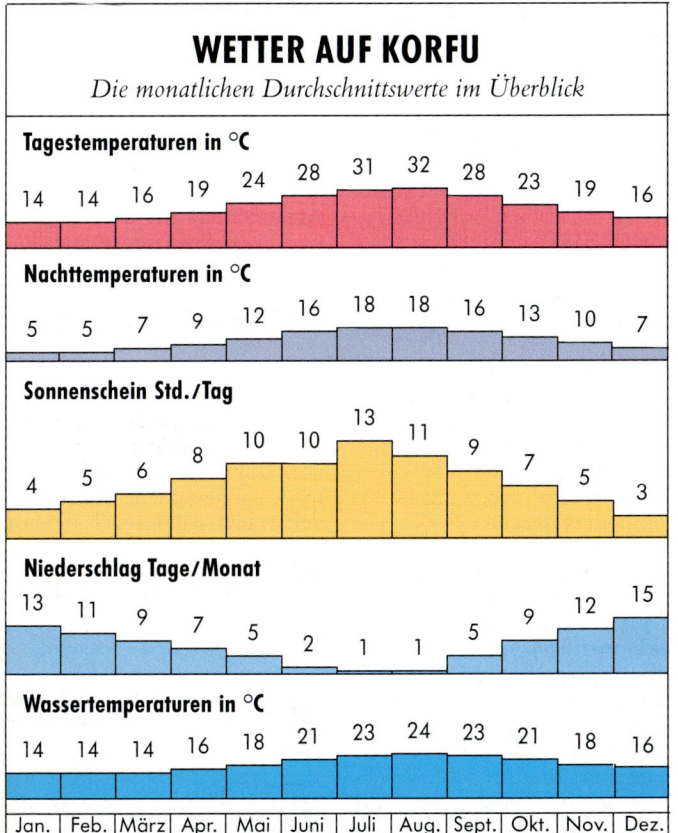

WETTER AUF KORFU

Die monatlichen Durchschnittswerte im Überblick

Tagestemperaturen in °C

Jan.	Feb.	März	Apr.	Mai	Juni	Juli	Aug.	Sept.	Okt.	Nov.	Dez.
14	14	16	19	24	28	31	32	28	23	19	16

Nachttemperaturen in °C

Jan.	Feb.	März	Apr.	Mai	Juni	Juli	Aug.	Sept.	Okt.	Nov.	Dez.
5	5	7	9	12	16	18	18	16	13	10	7

Sonnenschein Std./Tag

Jan.	Feb.	März	Apr.	Mai	Juni	Juli	Aug.	Sept.	Okt.	Nov.	Dez.
4	5	6	8	10	10	13	11	9	7	5	3

Niederschlag Tage/Monat

Jan.	Feb.	März	Apr.	Mai	Juni	Juli	Aug.	Sept.	Okt.	Nov.	Dez.
13	11	9	7	5	2	1	1	5	9	12	15

Wassertemperaturen in °C

Jan.	Feb.	März	Apr.	Mai	Juni	Juli	Aug.	Sept.	Okt.	Nov.	Dez.
14	14	14	16	18	21	23	24	23	21	18	16

Bloß nicht!

*Ausgesprochene Touristenfallen sind selten, aber
ein paar Dinge sollte man wissen*

Geld wechseln

Geld wechseln und Schecks einlösen sollten Sie nur in Banken und Postämtern. Die Reisebüros werben zwar mit Bankkursen, kassieren aber 2 Prozent Gebühren.

Telefonieren

Wer nicht vom Telegraphenamt OTE aus telefoniert, sondern von Hotels, Kiosken und Reisebüros, muß einen Aufschlag bezahlen. Mehr als 50 Prozent des Preises der offiziellen Gebühreneinheit dürfen aber auch dort nicht verlangt werden.

Übervorteilt worden?

Wenn Sie sich übervorteilt fühlen, verlangen Sie für die gekaufte Ware oder Dienstleistung eine Rechnung und drohen Sie ruhig und gelassen, damit zur Touristenpolizei zu gehen. Hat Ihr Gegenüber ein schlechtes Gewissen, wird er es in der Regel nicht darauf ankommen lassen.

Nicht vorschnell urteilen

Nicht immer ist der Gast im Recht, der sich übervorteilt fühlt. Es gibt eine Reihe griechischer Eigenarten, die man kennen muß. Busfahrpreise z. B. können durchaus höher sein, als auf der Fahrkarte angegeben: Die Busgesellschaften sind sparsam und brauchen erst die alten Tickets auf. Um kleine Wechselbeträge kümmert man sich in Griechenland nicht. Wenn der Fahrkartenverkäufer an der Fähre 900 Drachmen verlangt, obwohl die Fahrt nur 879 Drachmen kostet, wird die Aufrundung von jedem Griechen akzeptiert.

Altes und Antikes

Antiquitäten, alte Webarbeiten und Stickereien sowie alte Ikonen dürfen nur mit besonderer Genehmigung ausgeführt werden. Wer an antiken Stätten Steine aufhebt oder gar selbst zu graben beginnt, macht sich strafbar.

Handmade contra Handpainted

Die im Souvenirhandel erhältlichen Ikonen sind meist als Handmade ausgewiesen. Dabei handelt es sich in der Regel aber nur um einen per Hand gearbeiteten Siebdruck, nicht um eine wirklich mit der Hand gemalte Ikone.

Bekleidung

Am Strand und in den Badeorten sind Griechen nackter Haut gegenüber äußerst tolerant geworden. In Kirchen und Klöstern aber werden immer noch bedeckte Schultern und Knie gewünscht.

REGISTER

Was bekomme ich für mein Geld?

 Eine Mark ist zur Zeit etwa 130 Drs. wert. Was man dafür bekommt, hängt davon ab, wo man hingeht. In einfachen Kaffeehäusern bekommt man eine Tasse Nescafé schon für 150 Drs., in schicken Cafés zahlt man dafür bis zu 500 Drs. Ebenso kann eine Halbliterflasche Bier 200 Drs., aber auch 700 Drs. kosten. Für ein Kilo Fisch der besten Sorte zahlt man zwischen 6000 und 9000 Drs., für ein Kilo Languste zwischen 7000 und 15 000 Drs. Eine normale Hauptmahlzeit bekommt man inklusive einfachen Tafelwein schon ab 1300 Drs./Person.

Bei den Übernachtungskosten sind die Preisunterschiede für gleiche Leistungen weniger kraß. Einfache Doppelzimmer mit Dusche/WC bekommt man schon ab 3500 Drs.; für gute Doppelzimmer in Hotels muß man während der Hochsommermonate mit etwa 7000—10 000 Drs. rechnen.

Der Eintritt in Museen ist sonntags immer frei; sonst werden zwischen 200 und 400 Drs./Person verlangt. Die öffentlichen Verkehrsmittel sind günstig. Die Fähre von Korfu nach Páxi kostet unter 1000 Drs., eine Taxifahrt etwa 100 Drs./km, eine Reise im Linienbus etwa 15 Drs./km.

 Kreditkarten werden von nahezu allen Hotels, Reisebüros und Mietwagenfirmen sowie vielen Restaurants akzeptiert.

🇩🇪 DM	🇬🇷 Drs	🇬🇷 Drs	🇩🇪 DM
1	100	1	0,01
2	200	5	0,05
3	300	10	0,10
4	400	25	0,25
5	500	50	0,50
10	1.000	75	0,75
20	2.000	100	1,––
25	2.500	250	2,50
30	3.000	500	5,––
40	4.000	750	7,50
50	5.000	1.000	10,––
75	7.500	2.000	20,––
100	10.000	5.000	50,––
200	20.000	7.500	75,––
250	25.000	10.000	100,––
300	30.000	20.000	200,––
500	50.000	35.000	350,––
750	75.000	50.000	500,––
1.000	100.000	75.000	750,––
2.000	200.000	80.000	800,––

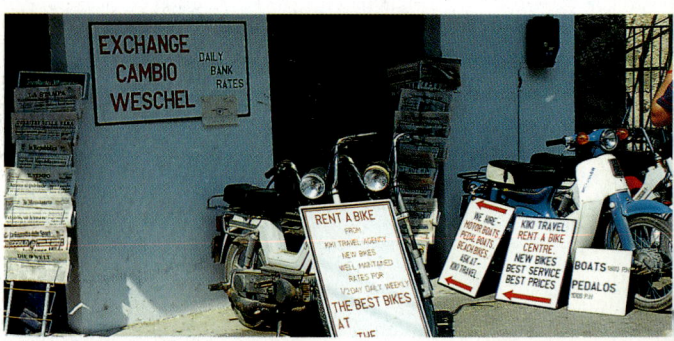

Am günstigsten wechselt man Devisen in Banken oder bei der Post